KB203624

11차원 우주와 예수 그리스도의 부활

11차원 우주와 예수 그리스도의 부활

신준호 지음

Holy
WavePlus

차례

성경, 아는 만큼 보인다

흔히 음악가들은 음악에 대해
'아는 만큼 보인다'고 말한다.
음악은 연주자의 연주 능력에 따라
깊이가 열린다.
그는 연주할 수 있는 것만큼 음악을 알고,
아는 것을 청중에게 전달한다.

'안다'에 해당하는 성서 히브리어(yadah)는
'하나가 된다'는 뜻이다.
음악가가 음악과 하나가 되는 앎도 뜻하며
동정녀 마리아의
"나는 남자를 알지 못하니"(눅 1:34)와 같이
남녀의 하나 됨도 뜻한다.

그러나 현대 서구적 인식의 '앎'은
주체와 (대상인) 객체 사이의 철저한 '분리'를 전제하기 때문에 성서적 의미의 '앎'과는 다르다.

교양체육 시간에 수영 이론을 배우고 학기말에 필기시험 치는 것을

현대적 앎에 비유한다면,

수영장에서 탁해진 소금물을 몇 번이나 마신 끝에

마침내 얼마의 거리를

편안하게 헤엄칠 수 있게 되는 앎이

성서적 의미의 앎이다.

성경도 아는 만큼 보인다.

다만 성경의 '앎'을 연습하기 위한 악기나 풀장은 따로 없다.

성경을 알기 위한 도구는

아마도 '깨달음'(성령 안의 믿음)이 될 것인데,

각각 살아온 삶과 존재에 상응하는

깨달음에 따라

성경의 진리는 그만큼 열릴 것이다.

들을 귀를 마련한 만큼 듣고, 이해하게 될 것이다.

초보자는 초보적 지식을 얻을 것이며,

객관적 이해를 추구하는 합리적 이성은

잡다한 역사적 지식들을,

공감을 욕망하는 도취적 감성은

감미로운 사랑과 위로의 음성들을,

청중을 자극하여 대형집회를 이끌려는 사람은

또 그에 맞는 현세적-성공적 구절들을,

각각 발견할 것이다.

그러나

육체의 부활과 '죽음 이후의 삶',

11차원 우주의 신비와 인류의 미래,

또 존재의 근원과

하나님의 가장 깊은 순수의식 등을

사느냐 죽느냐의 진지함으로 찾는 개신교적 구도자들에게는

그 대답이 또한 성경 안에서

주어질 것으로 믿는다.

> 우리의 시민권은 하늘에 있는지라.
>
> 거기로부터 구원하는 자 곧 주 예수 그리스도를 기다리노니
>
> 그는 만물을 자기에게 복종하게 하실 수 있는 자의 역사로
>
> **우리의 낮은 몸을**
>
> **자기 영광의 몸의 형체와 같이 변하게 하시리라**(빌 3:20-21).

I

홀로그램 우주와 블랙홀

1. 블랙홀: 물질우주의 실체적 근거

『엘레건트 유니버스』와 『우주의 구조』의 저자인 브라이언 그린(Brian Green)의 새 책이 번역되었다. 이번 책의 제목은 『멀티 유니버스』[1]다. 이 책에서는 '우주의 구조'와는 좀 다른 색채로 다중우주에 관한 많은 이야기가 전개되고 있다. 나는 다양한 다중우주들의 상세한 내용까지는 정확하게 이해하지 못했지만, '제9장 블랙홀과 홀로그램'에서는 이해 여부를 떠나 심오한 깊이를 맛볼 수 있었다. 그 깊이를 신학적 상상으로 변주하여 조금이라도 표현할 수 있다면, 얼마나 멋진 일이 되겠는가?

---

1) 브라이언 그린, 『멀티 유니버스』(*The Hidden Reality*), 박병철 옮김, 김영사, 2012.

홀로그램 우주론은, 엄밀하게 따지자면, 양자역학적 다중우주론에 속하지 않을 것 같다는 생각도 든다. 왜냐하면 제9장의 홀로그램 우주론은 처음부터 플라톤의 '동굴의 비유'를 언급하면서 시작되기 때문이다. 홀로그램 우주론은 최근의 SF(공상과학)의 장르에 속하는 것이 아니라, 오히려 플라톤의 고전적 세계관을 배경으로 한다. 그렇기 때문에 신약성경의 세계관과도 어떻게든 연결될 수 있을 것이라는 생각이 든다. 플라톤이 '동굴 밖 이데아의 세계'라고 생각했던 것은 성서가 '하늘'이라고 말하는, 이 세상을 넘어선 우주와 멀리서나마 비교될 수 있기 때문이다. (같다는 말은 아니다.)

플라톤은 우리가 지각하는 것이 실체의 극히 [적은] 일부이며, 진짜 실체는 우리가 인지할 수 있는 한계를 넘어선 곳에 훨씬 다양한 형태로 존재한다고 생각했다.…모든 실체는 우리로부터 아주 멀리 떨어져 있는 경계면에서 운영되고 있고, 우리 눈에 보이는 것은 실체가 3차원 공간에 투영된 영상일지도 모른다. 다시 말해서 [현실은] 홀로그램과 비슷하거나, 홀로그램으로 진행되는 한 편의 영화일 수도 있다는 이야기다(앞의 책, 378).

이제 우리 모두가 놀라지 않을 수 없는 것은 플라톤이 동굴 밖의 세계라고 생각했고, 성서가 '하늘'이라고 말하는 그 실체의 세계가 다름 아닌 **블랙홀**이라는 사실이다. 최근의 물리학에 의하면 블랙홀의 '표면'에서 우주의 참된 실체가 진행되고 있고, 우리가 경험하는 물질우주는 그 실체의 홀로그램(영상)이다. 이 내용이 홀로그램 우주론의 주된 내용이다.

1998년 산타바바라의 캘리포니아 대학에서 개최된 끈이론 학회에서 아르헨티나의 끈이론 학자 후안 말다세나(Juan Martín Maldacena)는 홀로그래피 우주를 수학적으로 증명하고 분석하는 기틀을 제공하는 기념비적인 연구를 발표하였다(앞의 책, 416-17). 말다세나는 우리 우주의 외곽에 관통할 수 없는 완벽한 경계면(블랙홀의 표면적)이 존재하며, "우주에서 일어나는 모든 일은 [그] 경계면의 물리법칙과 그곳에서 진행되는 온갖 물리적 과정들이 투영된 것"이라고 결론을 내렸다(417). 그 후 홀로그래피 원리를 의심스러운 눈으로 바라보았던 학자들도 이 분야에 벌떼처럼 몰려들어 수천 편의 논문을 쏟아내었다(같은 곳).

말다세나는 프린스턴 대학에서 박사학위를 받고, 하버드 대학 정교수를 거쳐 2001년 이후 프린스턴 고등연구소 교수로 재직 중이다. 아르헨티나 출신의 이 탁월한 물리학자에 따르면, 물질세계의 모든 존재는 블랙홀의 표면적에 집적된 엔트로피(정보)가 투영된 것이다. 다시 말해 물질의 존재는 '정보'가 투영된 홀로그램이다. 여기서 중요한 것은 물질세계의 근원이라고 추정되는 정보의 경계면(얼마나 많은 명상 수행자들이 명상을 통해 그 근저에 도달하려고 애쓰는지 모른다)이 블랙홀의 3차원 부피가 아니라 **2차원 표면**이라는 사실이다. 이것은 스티븐 호킹의 계산이라고 한다. 물질적 존재와 의식의 근저라는 그 고차원의 세계는 2차원 평면으로, 정확하게는 블랙홀이라는 구의 '표면적'으로, 계산되고 있다. 나는 3차원의 수영장 물속에서 '구의 2차원 표면적'을 생각하던 중 몇 가지 상상이 떠올랐다.

접영은 다른 영법보다 더 많은 기술이 필요하다. (아마추어의 말이니 오해 없기 바란다.) 가장 중요한 것은 양팔이 리커버리(recovery) 되어 입수한 직후 몸이 (코치님의 주문대로 엉덩이를 들면서) '구의 표면 궤적' 위로 미끄러지면서 둥글게 잠수하는 기술이다. '구의 표면 궤적'을 그리며 미끄러져 잠수하면, 앞으로 전진과 그다음 떠오르기 등이 자연스럽게 롤링으로 연결된다. 여기서 '구의 2차원 표면 궤적' 그리기에 실패하면, 전진과 떠오르기에 많은 힘을 쓸 수밖에 없다. 결과는 물론 탈진이다.

피아노에서도 모든 기교는 손가락 운동이 '구의 2차원 표면 궤적' 위를 운동하다가 건반과 직각으로 마주치는 데에서 완성된다. (피아노 선생님께는 못 물어봤다. 다만 내 생각이다.) 그 궤도를 벗어나면 벗어난 만큼 근육의 힘을 더 사용해야 하고, 그 결과 손과 팔은 피로해진다. 스케일과 아르페지오 등의 모든 복잡한 손 운동의 근원적 해법은 '구의 2차원 표면 궤적' 위를 운동하는 데 있다.

정리하자면, 복잡한 운동의 근원에는 '구의 2차원 표면'에 도달하는 의식이 놓여 있고, 그 도달이 성공하는 순간, 고난이도 운동이 쉽고 단순하게 처리된다. 이 생각은 내게 무척 놀랍게 느껴졌다. 바로 그곳이 "수고하고 무거운 짐 진 자들"이 "쉬운 멍에와 쉼"을 발견하는 안식의 장소일 수 있기 때문이다. 이제 수고하고 무거운 짐 진 자들은 블랙홀의 2차원 표면적에 (사변과 묵상과 체력 훈련을 통해!) 도달해야 한다. 예수께서는 '만물의 창조자'이시므로(롬 11:36; 고전 8:6; 골 1:16), 당연히 블랙홀의 표면적(그런 곳이 정말로 있다면)에도 계신다.

그럼 물질우주의 근저인 블랙홀의 표면적이란 무엇일까? 그곳은 명백하게도 최대 엔트로피(entropy, 무질서의 측정값)의 장소다. 모든 것이 압착되어 으깨지고 소멸되어, 도무지 질서란 출현할 수 없는 곳이 블랙홀이다. 엔트로피가 어떻게 '정보'로 해석되는가는 『멀티 유니버스』 384쪽부터 약 30쪽에 걸쳐 상세하게 설명된다. 그것은 과학도들의 과제이므로, 신학 관련자들은 '엔트로피=정보'라는 공식을 암기하는 수준에서 만족해야 할 것 같다. 이 문제가 이해된 것으로 가정한다면, 블랙홀의 표면적은 '순수 정보'의 차원이다. (여기서 순수의식이라는 동양종교적 용어가 연상된다.) 즉, **물질의 근원은 '정보'다.**

차세대 물리학의 최대 현안은 '정보'가 될 것이다(앞의 책, 379). 전통 물리학은 행성과 바위, 원자와 입자, 그리고 장과 힘 등을 연구했지만, 그러나 차세대 물리학은 그것들(물질과 복사)이 더욱 근본적인 그 무엇의 특성을 운반하는 수단에 불과함을 깨닫게 될 것이다. 그리고 그 근본적인 그 무엇의 정체는 바로 '정보'다(380). 그러나 우리는 홀로그래피 우주를 말할 때 조심해야 한다. 우리는 물질과 복사를 마치 실재하지 않는 환상처럼 취급해서는 안 된다. 현 물질세계가 거품의 환상이라는 뜻이 아니다. 오히려 더욱 근본적인 실체, 즉 정보가 물질계에 발현된 것이 물질과 복사라고 이해되어야 한다. 정보야말로 실체의 본질을 이루는 가장 핵심적 요소다(380). 정보가 정확한 질량과 전하를 갖고 한 장소를 점유하고 있는 입자의 형태로 우리 세계에 투영된다는 것이다(380).

물질의 근원인 '정보'는 구(초구, 블랙홀)의 2차원 표면에 집적되어 있다. 그곳이 어떤 세계인지, 인류는 아직 정확하게 모른다. 그리고 그곳에 관한 학문적 상상의 근사치 지식들이 좋은 직장을 얻고 좋은 배우자를 만나고 싶은 일상의 욕구와 관계가 있다고 주장하기도 쉽지 않을듯하다. 그러나 구(초구)의 표면적이라는 개념은 최소한 우리에게 '둥긂'을 연상하게 하지 않는가? 나아가 우리에게 내면의 근원에서 '둥근 마음'을 갖고, '둥글게 살아갈 것'을 암시하지는 않는가? 오래전 1970년대에 "둥글게 살아가리!"라는 가사의 가요가 있었다. 우리의 마음과 의식이 접영과 피아노의 기교처럼 '구의 표면 궤적' 위를 움직인다면(그렇게 되기까지 기도한다면!), 삶의 많은 복잡한 문제들은 그 근원의 '둥긂'이 투영되어 어느 정도는 해결될 수 있지 않을까? (지금 원불교를 포교하는 것이 아니다!) 십계명, 산상수훈, 대접받고자 하는 대로 대접하라 등의 말씀도 마음의 둥긂과, 둥글게 살아감을 지시하고 있지 않을까? 그렇다면 블랙홀의 둥근 표면적과 '인생의 고난'을 수용하는 신약성서적 윤리도 어느 정도는 연결될 수 있지 않을까?

나아가 물질우주의 근원에 '정보'가 놓여 있다는 차세대 정보 물리학의 방향 전환은 "창조의 내적 근거는 계약"(칼 바르트, 『교회교의학』 III/1)이라는 교의학적 이해와도 비교되어야 할 것 같다. '계약'은 창조 이전, 곧 **하나님의 영원 안에서 발생한 성부와 성자 사이의 신적 정보 교환**이다. 물론 그 정보는 한 인간 나사렛 예수의 고난과 죽음의 희생에 관한 '신적 정보'다. 그 정보가 물질우주의 창조의 근원이다. 그와 같은 영원한 계약을 실현하기 위해, 창조는 발생하였다. 이렇게 하여 칼 바르트의 창조론이 차세대 정보-물리학과 만나는 놀라운 사건이 발생하게 될지도 모른다!?! 물론 이에 대해 동의할 사람은 아직 많지 않을 듯하다. 그러나 바울은 창조 세계 안에 창조자 하나님의 영원하신 능력과 신성(이것은 물질이 아닌 정보다!)이 분명히 보인다고 말한다(롬 1:20). 그 정보는 이 시대의 가장 앞선 물리학에 의하면 **블랙홀의 2차원 표면적 위에** 집적되어 있다.

2. 블랙홀, 꿈, 하늘의 환상

혹시라도 곰곰이 생각하던 독자들 중 한 사람이 즉시 질문할 수 있겠다. "도대체 블랙홀은 존재하는가?"

독일의 슈바르츠실트(Schwarzschild)가 1차 대전에 참가하여 러시아군의

대포알 궤적을 계산하다가 아인슈타인의 일반 상대성이론의 완전해(exact solution)를 발견했다(앞의 책, 381). 이 해는 '중력의 구멍'을 암시하고 있었지만, 아인슈타인은 그 잠재력을 정확하게 이해하지 못했고, 이후에도 아인슈타인은 슈바르츠실트의 수학적 내용만큼은 완전히 인정했지만, 블랙홀의 실제 존재에 대해서는 코웃음을 쳤다고 한다(382). 아인슈타인도 받아들이기 어려웠던 그 블랙홀이 실제로 존재할 뿐만 아니라 도처에 널려 있음을 보여주는 수많은 증거들을 지금 학계에서는 수집하고 있다. 그리고 대다수의 천문학자들은 은하의 중심부에 자리 잡은 초대형 블랙홀이 은하 전체에 동력을 제공한다는 것을 기정사실로 받아들이고 있다(383).

오늘날에는 과학자가 아닌 우리도 말할 수 있다. 블랙홀은 물질우주의 도처에 은폐되어 존재하는 우주의 필수적 구성요소다. 중세기 사람들이 지동설을 받아들이는 데 상당한 시간이 걸렸던 것처럼, 일반인들이 블랙홀의 실재를 받아들이는 데도 얼마간의 시간이 걸릴 것 같다. 그렇지만 '하늘'을 말하고, '하늘로부터 오는 능력'을 설교하는 신학자와 목회자들은 시공간을 극단적으로 왜곡시키는 블랙홀의 거대한 존재에 다른 사람보다 더 많은 관심을 가져야 할 것이다. 왜냐하면 성서가 말하는 하늘과 하늘의 능력은 전혀 물질우주에 속하지 않기 때문이다. 물질우주에 속하지 않은 것을 말하려면, 물질우주 밖의 다른 우주의 존재를 전제하지 않을 수 없다. 신학자들은 지금까지 종교적 표상 안에서 물질우주 밖의 다른 우주(하늘)를 과학자들의 눈치를 보면서 작은 목

소리로 말할 수밖에 없었다. 그런데 이제 객관적-무신론적 과학이 바로 그 외부의 다른 우주를 말하기 시작하였다. 이것은 신학자들에게는 두 손 들고 환영해야 할 반가운 소식이 아닐 수 없다. 여기서 우리의 물질 우주와 그 다른 우주 사이의 그 경계면은 블랙홀의 표면적이다. 따라서 우리는 블랙홀에 대해 좀 더 관심을 갖고 자세히 알아보아야 한다.

블랙홀에 관한 막연한 공상으로부터 벗어나기 위해서는 호킹의 연구인 '호킹 복사'를 반드시 알아야 한다. 이 연구의 출발점은 '양자 쌍생성'(quantum pair production)이다. 텅 빈 공간의 미시 수준에서는 양자장이 요동치고 있으며, 그 와중에 입자와 반입자(예를 들어 전자와 양전자)와 같은 입자 쌍이 무로부터 출현하여 아주 짧은 시간 동안 존재하다가 서로 충돌하여 다시 무로 사라진다. 이것이 양자 쌍생성의 과정이며, 이것은 이론과 실험을 통하여 완전히 이해되고 검증되어 있다(395). 텅 빈 공간은 실제로는 비어 있지 않으며, 이와 같은 양자적 불확정성으로 가득 차 있다.

호킹의 연구는 이 '양자 쌍생성'이 블랙홀의 사건 지평선 근처에서 발생할 때, 특이한 결과를 초래함을 밝힌다. 블랙홀의 경계면 가까운 곳에서 입자 쌍이 생성되면, 하나는 블랙홀 내부로 끌려 들어가고, 다른 하나는 우주 공간으로 날아갈 수도 있다는 것이다. 그때 블랙홀 내부의 정보가 유출된다고 한다. 쌍으로 생성된 두 입자 중 하나가 짝을 못 찾아 무로 돌아가지 못하고 오래 생존하는 일은 일반 시공간 안에서는 발생할 수 없지만, 블랙홀의 특이한 사건 지평선에서는 발생할 수 있다는 것이다. 호킹은 블랙홀이 시공간을 극단적으로 왜곡시켜서, 블랙홀의 바깥에서 볼 때는 음의 에너지를 가진 입자가 블랙홀의 내부에서는 양의 에너지를 가진 것처럼 보일 수도 있다는 놀라운 사실을 발견했다(396). 양의 에너지를 가진 입자는 블랙홀의 사건 지평선 근처에서 우주 공간으로 날아가는데, 이것이 멀리 있는 관측자에게는 블랙홀에서 방출되는 복사(radiation)처럼 보일 것이다. 이 현상을 '호킹 복사'라고 한다.

내게는 '호킹 복사'가, 우주는 인간이 존재하도록 조율되어 있다는 '인간원리'(anthropic principle)와 연결되는 것처럼 느껴지는데, 이것이 물리학적으로 얼마나 가능할지는 모르겠다. 빅뱅 단계의 초기 우주에서 무수한 입자와 반입자 쌍이 생성되었을 때, 10억 개의 대칭 쌍 중 한 쌍에서 반물질 입자가 하나씩 어디론가 사라졌고, 그렇게 반입자-짝을 잃고 홀로 남은 물질 입자들이 모여서 우리의 물질우주를 구성하였다고 한다. 이것이 '인간원리'의 몇 가지 사실 중 하나다. 그런데 반입자 짝이 왜 사라졌는지, 어디로 사라졌는지는 모른다고 한다. 쉽게 생각하자면 블랙홀의 경계선 너머로 탈출하지 못하고 사라지지 않았을까?

어떻든, 블랙홀의 경계면 너머로 사라진 반물질 입자들은 음의 에너지를 갖는데, 블랙홀 내부에서는 마치 양의 에너지를 갖는 것처럼, 다시 말해 우리가 경험하는 우주와 인간 세상의 진행 과정처럼 보일 수도 있다고 한다! 이제 나는 생각해본다. 우리는 그곳, 즉 블랙홀의 경계면 너머의 내부를 '꿈'을 통하여 방문하는 것이 아닐까?

최근 서스킨트를 비롯한 끈이론 학자들은 블랙홀에 대해서도 끈이론의 이중성과 비슷한 이중성이 존재한다는 사실을 알아냈다(앞의 책, 408). 이중성은 두 관점의 공존을 가리키는데, 하나는 블랙홀을 향해 자유낙하 하는 당신의 관점이고, 다른 하나는 블랙홀로부터 멀리 떨어진 곳에서 고성능 망원경으로 당신의 움직임을 관측하는 관찰자의 관점이다(408). 여기서 블랙홀에 관한 정말 놀라운 이해가 등장한다. **당신은 블랙홀의 사건 지평선을 통과할 때 아무런 변화도 느끼지 못한다**(408). 관찰자의 눈에는 당신이 강력한 호킹 복사에 숯덩어리가 되는 것처럼 보이겠지만, 막상 당신에게는 뜨거운 복사가 보이지도 느껴지지도 않는다(409). 자유낙하 운동이 중력효과를 상쇄하기 때문에 당신은 우주공간을 자유롭게 떠다니고 있는지, 아니면 블랙홀에 빨려 들어가고 있는지를 구별할 수 없다. 그러므로 당신의 관점에서는 당신은 블랙홀의 사건 지평선을 아무렇지도 않게 통과한 후, 블랙홀의 중심을 향해 돌진할 것이다. 물론 멀리 있는 관찰자는 당신이 블랙홀의 화염에 제물이 된 것으로 볼 것이다. 끈이론의 이중성은 양자의 관점이 공존함(*둘 다 실재임)을 확인해준다.

나는 잠드는 과정이 실제로 블랙홀의 사건 지평선을 넘어서는 일종의 물리적 과정이라고 상상해본다. (놀랍게도 과거에 나와 과외공부를 하던 중2 학생이 이 주제에 아주 흥미로운 관심을 보여주며, 내 주장에 용기를 주었었다.) 양의 (물질) 에너지를 지닌 육체는 블랙홀의 사건 지평선을 넘어설 수 없다. 만일 넘어서면 으깨져 겨자씨보다 작게 압착될 것이다. 그러나

음의 (반물질) 에너지를 가진 '영혼'은 (정신이 육체에 상응하는 음의 에너지의 물질이라고 가정한다면) 블랙홀의 사건 지평선을 넘어설 수 있다. 모든 생명체와 물질이 양의 에너지의 물질 부분과 그와 정확하게 대칭되는 음의 에너지의 영혼을 갖고 있다고 생각해보자. (반대할 사람은 '잠'이 무엇인지, 왜 모든 생명체는 잠을 자는지에 대해 다른 어떤 설명을 내놓기 바란다.) 낮의 현실이란 양(+)의 물질세계(육체)가 주체가 되어 블랙홀의 경계면 밖에서 활동하는 시간이며, 밤의 꿈은 음(-)의 물질인 영혼이 블랙홀의 사건 지평선 내부에서 활동하는 시간이다. 곧 블랙홀 밖에 있는 육체 안의 영혼이 블랙홀 내부의 음의 에너지의 대칭 우주로 회귀하는 사건이 잠드는 과정이다. 이 회귀의 방향으로 끌어당기는 강력한 중력은 그 무엇도, 그 누구도, 막을 수 없다. 동물들은 잠들며, 나무도 잠잔다. 나아가 바위도, 흙도, 얼음덩어리 행성도 잠을 잔다. 잠든 이후의 시간은 각각의 영혼이 은하계 중심의 거대 블랙홀 내부의 다른 우주를 떠도는 시간이다. 그것이 꿈이며, 환상이며, 때로는 의미 있는 '비전'이 되어 육체적 현실의 물리 세계와 정보를 통해 서로 연관되기도 한다.

❧ 융의 '동시성 이론'과 나의 꿈 이야기

융(Carl Gustav Jung)의 '동시성'은 꿈의 내용이 현실의 사건과 일치하는 동시적 순간을 가리킨다. 그 순간은 블랙홀 내부와 외부 사이의 정보적 연결 관계를 의미한다고 해석될 수도 있을 것 같다. 내가 경험했던 꿈들 중,

융의 동시성 이론과 어느 정도 통하는 두 가지를 이야기해보려고 한다.

1) 일전에 나는 꿈을 꾸었다. 그 당시 나는 아침저녁으로 독일 하이델베르크 시의 넥카 강변을 따라 자전거를 타고 학교를 오가고 있었다. 아름다운 낙엽의 계절이 가고 제법 쌀쌀한 바람이 불던 어느 겨울 날, 나는 생생한 꿈에서 깨어났다.—꿈속에서 나는 매일 오가던 바로 그 강변 자전거 길을 자전거를 타고 가고 있다. 그런데 이게 어찌된 일인가? 자전거 핸들의 오른쪽 반쪽이 없다. 나는 왼손만으로 남은 핸들 반쪽을 잡고, 오른손은 어디다 두어야 할지 모르는 어색한 자세로 계속 자전거를 타고 간다. 핸들의 반쪽은 없고 나머지는 굴러가는 데 아무 이상도 없다.—깨어나니 시계는 바로 출발해야 할 아침 시간을 가리키고 있었다. 도난이나 파손 사고가 빈번하기 때문에 밖에 세워둔 자전거 핸들에 무슨 일이 생겼나 궁금해하면서, 황급히 빵에 버터와 잼을 바르고 커피를 서둘러 마셨다. 외투를 입고, 불안하지만 흥미진진한 기대감을 가지고 숙소건물 뒤편 자전거 보관대로 갔다. 멀리서 볼 때 내 자전거에는 아무 이상이 없었다. 그러면 그렇지 어떻게 자전거 핸들 반쪽이 없어질 수가 있겠는가? '꿈은 헛것에 지나지 않는다!'라고 잠시 생각했는지 모르겠다. 가방을 자전거 바구니에 담고 겨울바람과 싸우며 출발하려고 장갑을 꺼내려는 순간, 나는 꿈의 의미를 깨달았다. 겨울바람에 손이 시려워 얼마 전 길가에서 샀던 주황색 장갑 한쪽이 없어진 것이다. 장갑 왼쪽은 있는데, 분명 어젯밤까지만 해도 양손에 장갑을 끼고 자전거를 타고 왔는데, 다른 한쪽이 외투 주머니

에 없다. 새벽 청소차가 이미 지나갔으니 어젯밤에 자전거 세우면서 흘렸다면, 더 이상 찾을 길이 없다. 나는 장갑 낀 왼손만으로 핸들을 잡고, 오른손은 찬바람을 피해 주머니에 넣고, 꿈속에서와 똑같은 어색한 자세로 그날 강변길을 자전거-드라이브 해야 했다.

핸들 반쪽이 없어졌던 자전거 드라이브의 꿈은 몇 년이 지난 지금도 너무나 생생하다. 그렇게 익살스러운 이미지를 고안하여 꿈을 통해 내게 말을 건네는 그 정보의 근원은 '무엇' 또는 '누구'인가? 왜 없어진 장갑을 사라진 자전거 핸들 반쪽으로 바꾸어, 현실을 은폐하고 위장하는 것일까? 왜 장갑이 없어졌다고 직접 말하지 않을까? 꿈속의 모든 정보들은 완벽하게 위장한다. 꿈속의 내가 그것을 알아채고 깨닫는 것은 너무도 어렵다. 그러나 깨어난 후, 그 의미는 너무도 명확하다. 장갑 한쪽이 없어진 것은 위기의 경고라고 보이지는 않는다. 오히려 그 꿈을 고안한 근원적 의식 내지 정보는 대단히 익살스럽고 친절하고 다정하게 깨어 있는 나에게 말을 건네고 있다고 느껴진다. 그 의식은 내가 알아채지 못하는 것을 이미 알고 있다. 그 정보의 주체는 내가 알지 못하는 그것을 이미 알 수 있는 더 고차원적인 시공간에 있다. 꿈의 위장과 은폐는 그쪽 우주와 이쪽의 물질우주 사이의 격리를 뜻하며, 쉽게 건널 수 없는 경계면을 뜻할 것이다. 그 경계면이 물리학에서는 블랙홀의 2차원 표면으로 계산되고 있을지 모른다. 그러나 잠과 꿈을 통해 '정보'는 분명히 교류되고 소통되고 있다.

2) 몇 년 전 어느 토요일 밤 비교적 일찍 잠자리에 들었는데, 꿈에 고양이가 나타났다. 집 근처를 배회하는 아마도 주인 없는 야생 고양이 이미지였던 것 같다.―그 고양이가 꿈속에서 내게 장난치자는 듯이 이렇게 말했다. "하나, 둘, 셋, 넷, 다섯, 여섯, 크하하('일곱'을 말해야 할 자리에 이상한 의성어가 등장했다), 여덟, 아홉, 열, 이렇게 따라 말해봐!" 꿈속의 나는 고양이가 시키는 대로 따라 했다. "하나, 둘, 셋, 넷, 다섯, 여섯, (그리고 '일곱' 대신에 고양이가 시키는 대로) 크하하, 여덟…" 여기까지 따라 했는데 '여덟' 하는 순간에 고양이가 자지러지듯 까르르 웃었다. 웃는 까닭은 하나, 둘, 셋…열까지의 연속 중에 일곱 대신 '크하하'가 끼어들고 '여덟'로 건너가는 것이 대단히 재밌기 때문이라고 느껴졌다. 나는 옆에 있던 사람에게 "개는 웃지 못하지만 고양이는 웃을 수 있어"라고 말했다. 나는 즉시 뒤편에 큰 강아지 한 마리가 맑고 순한 눈을 크게 뜨고 나를 물끄러미 보고 있는 것을 발견했다.―그리고 깨어났다.

주일 새벽부터 하루 종일 여러 번의 주일학교 설교와 월례회 등으로 분주한 시간을 보내고, 오후 늦게 잠시 쉬다가 저녁예배 시간이 되어 다시 현관문을 나서려는데, 현관 유리문 밖으로 고양이 한 마리가 어떤 차 밑에서 나와 다른 차 밑으로 들어갔다. 갈색과 검은색 색상이 꿈속의 고양이와 너무도 흡사했다. 그때에서야 나는 하루 종일 잊고 있었던 전날 밤 꿈을 떠올리게 되었다. 분주히 자리를 찾아 앉은 후 저녁예배는 시작되었고, 훌륭한 음악 연주들이 끝난 뒤, 설교가 시작되어 약간 긴장이 풀릴 무렵, 문득 고양이 꿈 생각이 다시 떠올랐다. 꿈속에서 고양이가 "하나, 둘, 셋…"을 지시했었다. 그것은 신기하고 재미있는 놀이

였다. 나는 속으로 꿈의 생생한 내용을 회상하면서, 꿈속에서처럼 그것을 다시 세어보기 시작했다. "하나, 둘, 셋, 넷, 다섯, 여섯…" 그런데 '여섯'을 센 다음에 속으로 고양이가 시킨 대로 '크하하'라고 발음하려는 순간, 놀랍게도 뒤에 앉은 남자분이 "크하하" 하고 너무도 큰 소리로 김치 냄새 풍기는 트림을 했다. 흠칫 놀라는 순간 '융의 동시성'의 이론이 벼락같이 내 머리를 스쳐 지나갔다. 그다음 무의식적으로 '여덟'을 생각하는 순간, 회중 전체가 설교자의 유머 때문에 자지러지는 웃음을 (꿈속의 고양이의 웃음소리와 흡사하게) 터뜨렸다.

이것은 무엇을 의미하는 것일까? 나는 꿈을 고안하고 잠든 내 영혼안에 투영시키는 더 높은 고차원적 우주를 경험했다고 생각해본다. '융의 동시성'처럼, 꿈의 내용과 일치하는 일련의 사건들은 현실의 근저에 놓인 정보들이 투영된 것이며, 꿈은 그 정보를 상징에 의해 은폐시킨 채, 전날 밤 내게 전달해주었다. 이제 내가 깨달아야 할 과제는 현실이란 근원에 놓인 정보의 투영일 수 있다는 사실이며, 그래서 확대하여 생각하자면 물질우주와 인간계는 그렇게 투영되는 홀로그램일 수 있다는 '진리'다. 나는 하늘 또는 블랙홀 너머의 어떤 고차원 우주의 순수정보가 세계와 인간에게 근접할 때, '융의 동시성'과 비슷한 암시나 예언과 같은 것이 꿈을 통해 주어지지 않는가 생각해본다.

☞ 예언자들의 환상 그리고 죽음의 과정

나의 사소하고 개인적인 경험과는 달리, 구약성경의 예언자들과 요한 계시록의 사도 요한 등은 '죽음과 같은 잠'에 빠져든 후, 하늘에 이끌려 올라가 하나님의 음성을 듣거나 부활하신 예수 그리스도를 만날 수 있었다. 이러한 성서적 증거들에서도 '깊은 잠' 내지 '죽음과 같은 잠'이 땅의 현실과 하늘 사이의 경계면이 되며, 현실 사건들이 전적으로 중지되는 사건 지평선을 형성한다. 예언자들은 환상 속에서 그 지평선 너머의 고차원 우주를 경험하며, 하나님의 음성을 듣는다.

내가 그발 강 가 사로잡힌 자 중에 있을 때에,
하늘이 열리며, 하나님의 모습이 내게 보이니(겔 1:1).

내게 말하던 천사가 다시 와서 나를 깨우니,
마치 자는 사람이 **잠에서 깨어난 것** 같더라(슥 4:1).

그[가브리엘]가 내게 이르되 인자야 깨달아 알라.
이 환상은 정한 때 끝에 관한 것이니라.
그가 내게 말할 때에, 내가 얼굴을 땅에 대고 엎드리어 **깊이 잠들매**,
그가 나를 어루만져서 일으켜 세우며(단 8:17-18).

그러므로 나만 홀로 있어서 이 큰 환상을 볼 때에 내 몸에 힘이 빠졌고,

나의 아름다운 빛이 변하여 썩은 듯하였고 나의 힘이 다 없어졌으나,

내가 그의 음성을 들었는데 그의 음성을 들을 때에,

내가 얼굴을 땅에 대고 **깊이 잠들었느니라**(단 10:8-9).

이스라엘의 하나님께서 이와 같이 말씀하시니라…내가 깨어보니

내 잠이 달았더라(렘 31:23-26).

요셉이 잠에서 깨어 일어나 주의 사자의 분부대로 행하여

그의 아내를 데려왔으나(마 1:24).

내가 볼 때에 그의 발 앞에 엎드러져 **죽은 자 같이 되매**(계 1:17).

이와 같이 예언자들은 환상 속에서 천사와 하나님의 음성을 직접 듣는다. 이런 사건은 어떤 경우에도 우리의 물질우주 안에서 발생한 것이라고 생각될 수 없다. 그렇기 때문에 지난 백여 년 동안 이 환상의 체험들은 (성경의 증언들임에도 불구하고) 서구신학과 교회에 의해 무시되거나 과소평가되어왔다. 반면 고독한 신비주의자들만 사회와 분리된 산속 기도원에서 이 주제에 대해 많은 관심을 가졌다. 그러나 이제 우리는 성경이 증언하는 이러한 예언자적 환상의 사건들을 조심스럽게 말하기 시작해야 할 것 같다. 그 환상들은 명백하게도 우리의 물질우주 너머의

다른 고차원 우주에서 발생하는 사건들이다. 그 고차원 우주는 현재의 물리학에 의하면 블랙홀의 표면이라는 경계면 너머에, 또는 그 압착된 정보의 경계면에 있다. 성경은 예언자들이 '잠 내지는 죽음과 같은 잠'을 통과하여 그 고차원 우주에서 깨어나며, 천사들의 음성을 듣고 대화한다고 증언한다. 그렇다면 우리 인간이 잠을 통해 블랙홀의 경계면에 도달하거나 통과한다는 착상이 가능해진다. 우리도 잠과 꿈을 통해 물리적 현실의 사건 지평선인 블랙홀의 경계면을 통과하고, 그곳에서 (우리의 물질우주를 투영하는 근원적 주체인) 고차원의 정보-우주를 경험할지도 모른다.

그러나 우리가 꿈을 통해 블랙홀의 경계면에 도달하고 블랙홀의 내부로 끌려 들어갈 때, 블랙홀 밖의 세계에서 수집된 각종 정보들은 대부분 강력하게 압착되어 뒤죽박죽이 된다. 그것은 하나님이 계시고 천사들이 활동하는 천상의 우주로 이끌려 올라가지 못하는 경우일 것이다. 또한 인과관계가 전혀 없는 별개의 정보들이 강력한 중력에 끌려 서로 혼동을 일으키면서 결합되고, 무의미하거나 기괴한 욕망에 의해 왜곡되어 편집되기도 한다. 그래서 대부분 경우의 꿈이 믿을 것이 못 되는 것은 사실이다. 그러나 그것은 우리의 영혼에 축적된 기억-에너지들의 상태가 번잡하기 때문이며, 순수한 꿈이 블랙홀 너머의 고차원 우주를 매개할 수 있다는 사실에 대한 반증이 되지는 못한다.

한편으로 현실의 기억들이 꿈의 강력한 중력 공간 안에서 혼합될 때, 때로는 과거와 미래의 시간이 압착되기도 한다. 그 결과 미래 사건이 하루나 이틀 먼저 (창세기의 요셉의 경우에는 몇십 년 먼저) 등장하기도 한다. 세월호 사건이 있기 며칠 전, 나는 큰 공중화장실에서 몇 명의 여학생들이 뛰쳐나오며, 비명을 지르는 꿈을 꾸었다. 더 자세한 내용을 가까운 몇 사람에게 말해보았지만, 믿기는커녕 잘 들어주지도 않았다. 그러나 내가 그 꿈을 꾸었다는 사실은 내게는 너무도 확고한 현실이다. 지금도 나는 그 꿈의 의미를 생각하면서, 삶의 어떤 경로가 내게 지시되고 있는지를 고민한다.

어떻든 꿈과 환상 속의 영혼은 블랙홀의 내부 중심에는 도달하지 못하며, 중심을 통과하여 저편으로 건너가지도 못한다. 우리나 예언자들이나 다 마찬가지다. 저녁이 지나고 아침이 오면, 끌려 들어갔던 그 입구로 다시 방출된다. 그 결과 다시 의식이 현실로 돌아오고, 잠에서 깨어난다. 그러나 우리 삶의 마지막 때, 곧 마지막 숨을 거둘 때는 그렇게 되지 않을 것이다. 의식은 이쪽의 물질세계로 다시 방출되는 것이 아니라, 블랙홀을 통과하여 건너편의 다른 우주로 건너가게 될 것이다. 그것이 육체의 죽음이다. 죽음이란 물질세계의 극한인 블랙홀의 중심으로 끌려가는 것이며, 그것을 통과하여 저편의 다른 우주로 방출되는 사건이라고 생각해본다. 죽음이라는 블랙홀의 중심을 통과할 때, 삶의 모든 기억들은 으깨어져 소멸되든지, 전적으로 새롭게 재창조될 것이다. 그렇다면 나의 '무엇'이 남는가? 치매가 오면 사라질 인생의 기억들이 남을 리는 없다. 생시에 그렇게도 집착했던 소유와 명예의 우월감이 남을 리도 없다. 그때에 진짜로 남게 될 것은 '죽음을 통과하신 예수, 그분과의 연합'뿐이다. 그분의 이름을 부르는 자는 그곳을 통과한다.

> 예수를 죽은 자 가운데서 살리신 이의 영이 너희 안에 거하시면,
> 그리스도 예수를 죽은 자 가운데서 살리신 이가
> 너희 안에 거하시는 그의 영으로 말미암아
> **너희 죽을 몸도** (우리의 물질과는 다른 새로운 종류의 아마도 파동-물질로
> 이루어진 몸으로) **살리시리라!**(롬 8:11)

그러므로 죽음의 블랙홀을 통과하면서 으깨어질 현세의 영혼에, 부와 권세와 명예의 기억을 쌓는 일은 어리석은 일이다. 예수 그리스도의 가르침과 신약성경의 윤리는 끊임없이 우리에게 그 점을 경고한다.

> 너희를 위하여 보물을 땅에 쌓아두지 말라.
> 오직 너희를 위하여 보물을 하늘에 (영적 정보인 예수의 '앎'에) 쌓아두라.
> 네 보물이 있는 그곳에는 네 마음도 있느니라(마 6:19-21).

◈ 꿈의 자각과 홀로그램 우주의 자각

흔히 경험하는 것처럼, 꿈에서 나는 꿈속의 세계와 그곳에 등장한 모든 사물이 실재라고 믿고 행동한다. 그러나 꿈의 세계는 그림자처럼 투영된 홀로그램이다. 꿈의 내부에서는 꿈의 세계 전체가 어디서로부터인

가 투영되는 홀로그램 우주라는 사실이 자각되지 않는다. 그래서 꿈속에서도 충돌, 낙하, 부상, 죽음 등의 두려움이 생생하게 체험되며, 격한 심박동도 일어난다. 그런 까닭에 잠든 중에 심장마비로 돌연사하는 원인 중 하나는 꿈일 수도 있지 않을까 생각해본다.

간혹 꿈속에서조차 그것이 꿈이라는 자각이 일어나는 때가 있다. 이른바 '자각몽'이다. 꿈속의 내가 꿈꾸는 중이라는 것을, 그리고 꿈의 모든 주변세계가 홀로그램이라는 것을 자각할 때, 꿈속의 나는 의지를 내어 땅으로부터 떠올라 하늘을 날 수도 있고, 규범적·관습적 억압에서 벗어나 일탈의 행동을 할 수도 있다. 곧 깨어나 사라질 꿈속의 짧은 드라마 속에 내가 위치해 있음을 알기 때문이다.

물리적 '현실' 안에서 나는 세계가 홀로그램이 아니라 철두철미 실재이자 실체라고 믿고 있다. 경험적으로는 그렇게 추론하는 것이 자연스럽다. 왜냐하면 꿈에서 깨어났을 때, 꿈꾸기 전에 경험했던 세계가 계속 연속되기 때문이다. 과거 신병훈련소에서, 군인이 된 현실의 '나'가 잠들어 군인이 아니었던 과거의 '나'가 되어 꿈꾸다가, 깨어나 보니 다시 군인인 '나'가 현실임을 확인했을 때, 그 허탈감이란!

홀로그램 우주론은 **이 물질세계가 홀로그램임을 자각**한다. 물론 꿈속에서 꿈이 홀로그램임이 쉽게 자각되지 않듯이, 물질세계 안에서 물질의 견고함은 자신이 홀로그램임을 좀처럼 드러내 주지 않는다. 물질 우주는 빛을 매개로 하는 단순한 투영이 아니라, 블랙홀의 표면적이라는 고차원에 집약된 '정보'가 우리가 아는 물리법칙을 매개로 발현되는 물리적 운동과 생명 운동의 홀로그램이기 때문이다.

홀로그램 우주의 자각을 어렵게 하는 것은 '홀로그램'의 비유가 단순하기 때문일 수도 있다. 홀로그램 비유는 3차원 입체가 2차원 평면에 투영되는 것을 생각하게 하는데, 각각의 부분에 전체의 정보가 기록되는 상업적 홀로그램 기술의 놀라운 특성도 알려주지 못한다. 따라서 고차원 우주의 정보가 물질세계로 투영된다고 생각할 때, 우리는 그 점을 고려해야 할 것이다. 투영은 단순한 그림자가 아니라, 압축된 고차원의 정보 전체가 모든 부분적 개체들(양자장, 세포, 유전자) 안에 담기는 것을 뜻한다. 예를 들어 신용카드에 수록된 홀로그램 필름은 부분적으로 파손되어도 여전히 전체 이미지를 투사할 수 있다. 각각의 부분에 전체 정보가 담겨 있기 때문이다. 인간의 두뇌도 불의의 사고로 부분적 손상을 입었을 때, 기억 전체에는 이상이 없는 경우가 있다고 한다. '기억'도 전체가 각각의 부분 안에 기록되는 홀로그램의 방식으로 저장되는 것처럼 보인다.

우주의 홀로그램 특성을 자각하기 위해, 한 그루 나무를 명상해보는 것이 유익할 듯하다. 들에 홀로 서 있는 고고하고 멋진 나무 한 그루는 홀로그램이다. 다시 말해 어떤 고차원적 실재(정보)의 투영이다. 왜 그런가? 나무라는 생명체의 물리적 형태를 만들어내는 과정 전체는 '유전자'(DNA) 안에 정보로 집약되어 있다. 씨앗으로부터의 탄생, 그리고 언젠가 맞이하게 될 죽음까지 시간적·공간적으로 펼쳐질 형체의 정보가 유전자 안에 기록되어 있다. 크기, 구조, 잎의 모양 등의 외적 형태는 유전자에 기록된 정보에 따라 일사분란하게 시공간 안에서 전개된다. 우리는 그 과정 자체를 볼 수는 없다. (최근 고배속 동영상이 어느 정도 보여주기는 한다.) 우리가 보는 것은 그 전개 과정 중의 한 단면일 뿐이다. 유전자에 집약된 고차원의 정보가 '3차원 공간+1차원 시간' 안에 전개도로 펼쳐진다. 우리는 그 3+1차원의 전개도 중 2차원의 한 단면만 그림처럼 본다. 그것이 푸른 나무다. 그와 같이 식물이나 동물 또한 인간의 신체도 DNA 안에 축적된 '정보'가 물질을 매개로 삼아 삶의 과정으로 투영되는 홀로그램의 존재다.

나무가 자라는 과정의 모든 정보는 이중 나선의 유전 물질에 담겨 있다. 그러나 이중나선 자체가 정보는 아니다. 물질이 아닌 '생명체의 근원적 정보'가 어떻게 DNA의 3중 염기결합(코돈)으로 암호화하는지, 이것이 어떻게 단백질 합성을 지시하는지, 그리고 뼈대와 장기를 지닌 육체로 시간의 흐름에 따라 발현하는지는 과학이 손댈 수 없는 신비의 영역이다. 인간은 관찰만 할 뿐, 그러한 홀로그램이 발현되는 근원적 과정에는 개입할 수 없다. 최근의 DNA 조작은 근원의 정보에 의해 이미 물질로 형성된 DNA 끈의 이곳저곳을 가위로 잘라 다른 곳에 옮겨 풀로 붙이는 작업일 뿐, 고차원 정보의 물리적 투영 과정 자체와는 무관하다. 오히려 우리는 이중나선의 염기구조를 만든 어떤 근원적 정보 주체를 생각해야 할 것이다. (생명의 신비는 차치하고서라도) 나무의 입체적 정교함과 아름다움만 보아도 그 투영의 주체는 고차원의 우주에 속함을 쉽게 짐작할 수 있다. 플라톤식으로 말하자면, '나무'라는 고차원적 순수정보(이데아)가 먼저 있고, 그 정보의 지시에 따라 나무는 시간 안에서 펼쳐지고 물리적으로 생성되어 전개된다. 이중나선의 코드를 정보 조합으로 배열한 주체는 플라톤에 의하면 이데아이지만, 성경적으로는 로고스, 말씀, 지혜 등으로 이해될 수도 있다. 그 주체의 근원적 정보는 오늘의 물리학에 따르면 블랙홀의 2차원 표면에 압축되어 있다. 그 의미에서 나무뿐만 아니라 모든 물질과 육체는 고차원 우주에 집약된 근원적 정보가 우리 우주의 물질과 시간을 매개로 하여 발현되는 홀로그램이라고 생각될 수 있다. 그리스도교적 신앙 안에서 우리는 하늘의 영역에 먼저 실재하는 나무의 영혼(이데아 또는 정보)을 읽을 수 있어야 한다. 칼 바르트의 『교회교의학』에서 그 내용은 피조물 전체가 삼위일체 하나님 안에 "선재한다"(präexistieren)고 말해진다(III/1, 70). 존재 일반이 신적 존재 안에 '선재'한다는 사실을 이해하지 못하면, 우리는 동굴 벽면에 투영된 그림자를 실체로 착각하면서 살아가게 된다.

(홀로그램 우주론을 생각하면서 빠뜨린 것이 두 가지 있다. 하나는 그 집약된 고차원 정보가 물질과 육체의 형태로 투영될 때, 양자역학적인 '관찰자'가 필요하다는 사실이다. 양자물리학에 의하면 순수한 잠재적 정보가 물질 세계로 발현하는 것은 관찰자의 '관찰'에 의해서다. 관찰자 없이는 비물질의 파동 함수가 물질입자로 붕괴할 수 없다. 이것은 신학적으로는 '말씀에 의한 창조'와 관련하여 숙고되어야 할 듯하다. 다른 하나는 인간의 '자유 의지'의 문제다. 이것은 숙제로 남기고자 한다.)

견고해 보이는 물질세계 전체는 세계 밖의 고차원 우주의 관점에서는 투영된 홀로그램이며, 잠시 있다 사라질 연기(시 37:10; 39:6; 144:4)에 불과하다. 꿈속에서 자각된 꿈 밖의 관점(자각몽)처럼, 물질세계 안에서 자각되는 물질세계 밖의 관점이 종교적 각성의 첫걸음일 것이다. 불교적 관점에서 홀로그램 우주의 각성은 예를 들어 반야심경의 앞부분에서 읽을 수 있다. "행심반야바라밀다"(行深般若波羅密多)―이것은 무엇일까? 어떤 상태의 명상에 돌입해야 인간은 물질세계가 공(空)의 홀로그램임을 자각하게 되는가? 다시 말해 "조견오온개공"(照見五蘊皆空) 하게 되는가?

이 알기 힘든 의식의 차원이 부활하신 예수 그리스도의 '나타나심'에 의해 제자들의 일상 의식에 공개된다. 십자가의 죽음 이후 '영의 몸'으로 부활하신 예수 그리스도께서 아직 죽음의 굴레 아래 놓여 있는 제자들 앞에 직접 나타나신다. 그때 죽음과 소멸을 앞둔 인간의 육체와 물질세계는 그림자와 같은 홀로그램에 불과함이 드러난다. 복음은 허망한 홀로그램 우주 안에 "부활의 생명과 썩지 아니할 것"(딤후 1:10)을 드러낸다. 이것이 "우리 구주 예수 그리스도의 나타나심으로 말미암아 나타났다"(1:10). 바울은 다른 어떤 복음이 아닌 이 복음을 위해 선포자와 사도와 교사로 세우심을 입었다(딤후 1:11). 오늘 우리도 마땅히 그러해야 한다.

꿈 안에서 꿈 밖의 관점을 갖는 것은 꿈의 자각이며, 꿈의 초월이다. 비슷하게 생각한다면, 물질세계 안에서 물질세계 밖의 관점을 선취하는 것은 천상의 존재들의 눈에 비친 물질우주를 하나님의 관점에서 함께 바라보는 것을 뜻한다. 이것이 아마도 마귀가 결사적으로 막고자 하는 것일 것이다. 그러나 홀로그램 우주를 자각하는 새 창조의 관점은 부활하신 그리스도 예수의 '나타나심'에 의해 제자들에게 먼저 주어졌으며, 그분으로부터 오는 성령의 호흡 안에서 교회를 통해 믿는 자에게 주어진다. 그들은 사망의 육체 안에서 사망을 넘어서는 부활과 새 창조의 관점을 선취한다. 그것은 '자각적 믿음'이다.

> 내가 땅의 일을 말하여도 너희가 믿지 아니하거든,
>
> 하물며 하늘의 일을 말하면 어떻게 믿겠느냐?(요 3:12)

> 너희가 맹인이 되었더라면 죄가 없으려니와 본다고 하니,
>
> 너희 죄가 그대로 있느니라(요 9:41).

이 죄는 홀로그램 우주를 자각하지 못하는 '개신교적 유물론'의 죄다. 개신교인들은 예수 그리스도의 부활을 말하면서도, 물질우주가 실체라고 믿으며, 죽음에 의해 자신의 모든 헛된 기억이 지워질 것을 바라보면서도, 땅의 창고에 재산을 축적한다. 그러나 참된 믿음은 물질우주가 연기와 같이 사라질 홀로그램임을 자각한다.

> 그러나 주의 날이 도둑 같이 오리니
>
> 그날에는 하늘이 큰 소리로 떠나가고

물질이 뜨거운 불에 풀어지고

땅과 그중에 있는 모든 일이 드러나리로다.

이 모든 것이 이렇게 풀어지리니

너희가 어떠한 사람이 되어야 마땅하냐?

거룩한 행실과 경건함으로

하나님의 날이 임하기를 바라보고 간절히 사모하라.

그날에 하늘이 불에 타서 풀어지고, 물질이 뜨거운 불에 녹아지려니와

우리는 그의 약속대로

의가 있는 곳인 새 하늘과 새 땅을 바라보도다(벧후 3:10-13).

3. 홀로그램 우주론의 신학적 의미

☞ 우리가 3차원 공간과 1차원 시간으로 경험하는 물질우주는 참된 실체가 아니다

물리적 우주와 인간 세상의 **참된 실체**는 부활하신 예수 그리스도의 '나
타나심' 사건에서 (물질우주의 근원이 되는 정보-우주인) 11차원의 우주로
계시된다. 신약성경 안의 많은 기적 사건들도 현재의 물질우주가 참된
실체가 아니고 홀로그램에 불과하다는 사실을 증언한다. 11차원의 공
간 안에서는 예를 들어 무화과나무가 말씀에 의해 즉시 마를 수 있으
며, 떡과 물고기는 복제될 수 있다. 병자들이 말씀에 의해 즉시 치유되

고, 고통으로부터 자유로워질 수 있다. 그러므로 인간이 현세에서 일상적으로 경험하는 삶은 참되고 궁극적인 것이 아니며, 오히려 가상의 제약된 사건들에 불과하다. 육의 몸 너머에서 형성되는 '영의 몸'이 참된 실체이며, 지상의 나그네 삶 너머에 있는 (요한계시록이 그리는) 영원한 세계가 참된 세계다. 그러한 '영의 몸', 그리고 영적 세계가 현세에 갇힌 우리를 기다리고 있다. 이것이 복음, 즉 기쁜 소식이다. "예수 안에 죽은 자의 부활이 있다"(행 4:2). 그림자와 같은 육체 세상 안에서 우리는 ("거룩한 행실과 경건함으로") 영원한 영적 우주와 영적 존재를 예비해야 한다.

그러나 자족하는 마음이 있으면 경건은 큰 이익이 되느니라.

우리가 세상에 아무것도 가지고 온 것이 없으매

또한 아무것도 가지고 가지 못하리니,

우리가 먹을 것과 입을 것이 있은즉 족한 줄로 알 것이니라(딤전 6:6-8).

◈ 마귀는 홀로그램인 물질우주가 마치 참된 실체인 것처럼 착각하도록 만든다

마귀가 또 그를 데리고 지극히 높은 산으로 가서

천하만국과 그 영광을 보여 이르되,

만일 내게 엎드려 경배하면 이 모든 것을 네게 주리라(마 4:8-9).

블랙홀의 표면적으로 계산되는 11차원 우주의 근원적 정보들이 우리에게는 3차원 홀로그램의 물질우주로 투영된다. 그런데 마귀는 투영된 그림자에 불과한 물질우주가 마치 궁극적 실재인 것처럼 착각하도록 만든다. 마귀는 그렇게 하여 참된 11차원의 창조 세계를 유물론적 물질우주로 격하하며, 실체로부터 분리된 그림자 왕국 안에서 자신의 헛된 통치권을 연장하려고 한다. 홀로그램 우주는 참된 실체가 아니기 때문에, (잠정적으로) 마귀의 통치 아래 있다. "이 모든 것을 네게 주리라!"가 그 사실을 말한다. 그렇기 때문에 땅에서는 고통과 비극이 그치지 않고 발생한다. 사람들은 사자들이 어린 양과 뛰노는 새 창조의 세계를 바라보는 대신, 이웃과 자신을 분리시키고 이웃의 고통에 무감각해짐으로써, 현세의 안락한 삶을 지속해보려고 시도한다. 사람들은 마귀의 통치를 폭로하는 십자가와 부활의 진정한 의미를 외면한다. 그리고 홀로그램 세상 안의 권력과 부가 참된 실체인 것처럼 **착각**하면서, 생을 허비한다.

사람은 헛것 같고, 그의 날은 지나가는 **그림자** 같으니이다(시 144:4).

헛된 생명의 모든 날을 **그림자** 같이 보내는 일평생에
사람에게 무엇이 낙인지를 누가 알며,
그 후에 해 아래에서 무슨 일이 있을 것을
누가 능히 그에게 고하리요(전 6:12).

진실로 각 사람은 **그림자** 같이 다니고,

헛된 일로 소란하며 재물을 쌓으나,

누가 거둘는지 알지 못하나이다(시 39:6).

☞ 홀로그램 우주의 자각은 '성령의 능력' 안에 있다

성령의 능력은 부활하신 예수 그리스도의 '나타나심' 사건으로부터 온다. "이 말씀을 하시고 그들을 향하사 숨을 내쉬며 이르시되 성령을 받으라!"(요 20:22) 이와 같이 예수께서 육체의 죽음 이후 영의 몸으로 '나타나신' 사건을 믿고 진지하게 고백하는 사람은 인간이 죽음 이전에 육체로서 경험하는 세계와 삶이 홀로그램에 불과함을 성령 안에서 깨닫는다. 그 사람은 부활의 증인인 바울의 외침을 듣는다.

보라 내가 너희에게 비밀을 말하노니 우리가 다 잠 잘 것이 아니요 마지막 나팔에 순식간에 **홀연히 다 변화되리니**, 나팔 소리가 나매 죽은 자들이 썩지 아니할 것으로 다시 살아나고, **우리도 변화되리라**. 이 썩을 것이 반드시 썩지 아니할 것을 입겠고, 이 죽을 것이 죽지 아니함을 입으리로다. 이 썩을 것이 썩지 아니함을 입고 이 죽을 것이 죽지 아니함을 입을 때에는, 사망을 삼키고 이기리라고 기록된 말씀이 이루어지리라. 사망아 너의 승리가 어디 있느냐? 사망아 네가 쏘는 것이 어디 있느냐? 사망이 쏘는 것은 죄요, 죄의 권능은 율법이라. 우리 주 예수 그리스도로 말미암아 우리에게 승리를 주시는 하나님께 감사하노니, 그러므로 내 사랑하는 형제들아 견실하며 흔들리지 말고, 항상 주의 일에 더욱 힘쓰는 자들이 되라. 이는 너희 수고가 주 안에서 헛되지 않은 줄 앎이라(고전 15:51-58).

물질우주가 그림자이고 홀로그램에 불과함을 성령 안에서 깨닫는 자는 우리를 기다리는 영원한 11차원 우주, 곧 '영적 예루살렘'을 예기한다. 그곳은 애통과 눈물과 사망이 없는 곳이다. 그래서 그는 교회의 온갖 모순들과 비극들에도 불구하고, 주의 일에 더욱 힘쓰는 자가 된다. 그는 땅에서의 수고가 헛된 것이 아님을 알기 때문이다. 땅의 수고는 그 자신의 '영의 몸'을 새롭게 창조하는 거룩한 일이다. 그렇게 수고하는 육의 몸이 없으면, 영의 몸도 없다. "육의 몸이 있은즉, 또 영의 몸도 있다"(고전 15:44). 블랙홀 안으로 연기처럼 끌려 들어갈 홀로그램 우주를 넘어서 깨어나는 믿음들은 "의가 있는 곳인 새 하늘과 새 땅"(벧후 3:13)을 바라본다. 나는 그곳을 '11차원 우주'라고 말해본다.

11차원의 창조

I. 11차원의 창조

우주는 11차원으로 창조되었다.

고차원인 상층 우주(하늘)는 7-11차원이며,

우리의 하층 우주(땅)는 3+1차원의 막(brane)으로 둘러싸여 있다.

3+1차원은 3차원 공간과 1차원 시간을 뜻한다.

11차원의 큰 공간 안에 포함된

주머니 모양의 막이 3+1차원인 우리 우주,

광자의 망막 자극에 의해 경험되는 우주다.

광자(빛)는 전자기력이므로 차원 사이의 경계-막을 통과하지 못한다.

그러므로 땅의 우주의 경계-막 저편의 고차원 우주는

시지각(視知覺)으로는 인지되지 않는다.

그러나 '중력'만은 그 경계-막을 통과한다.

중력에 의해 측정되는

우리 우주 밖의 고차원 우주의 질량은

(안 보인다는 이유로) 암흑 물질과 암흑 에너지로 측정된다.

현재 물리학이 확인하는 전체 우주의 질량은 대략

암흑 에너지 70%, 암흑 물질 25%,

그리고 우리에게 관찰되는 물질우주의 질량 5%다.

우주론적 코페르니쿠스 혁명이 도래한다.

그 옛날 지구가 우주의 중심이 아니라는 사실이 밝혀지면서

인류의 사고를 혁신시켰던 것과 같이

이 시대도 인류의 사고의 혁명적 변경을 요청한다.

현재 관찰되는 우리의 물질우주는

(비록 그것도 어마어마하게 큰 것 같이 보이기는 하지만)

전체 우주가 아니며, 전체 우주의 중심도 아니다.

우리 우주(5%)는 훨씬 큰 보이지 않는 전체 우주 안에서

막에 싸여 떠도는

주머니 모양의 하나의 저차원 우주다.

우주는 4가지 힘으로 구성된다.

1) 핵 강력, 2) 핵 약력, 3) 전자기력, 그리고 가장 중요한 4) 중력,

그 외에 다른 힘은 알려져 있지 않다.

1), 2), 3)의 힘은 하나의 방정식으로 이미 통합되었다.

통합은 세 힘이 하나의 근원적 힘의 분화된 양태라는 뜻이다.

1), 2), 3)의 통합된 힘(핵-전자기력)과 4) 중력과의 마지막 통합은

아인슈타인도 완성하지 못한 숙제였고

초끈 이론(superstring theory)에 의해 완성된다.

그러나 통합의 조건은 바로 11차원의 시공간,

그래서 우리는 창조된 우주가 11차원이라고 말한다.

11차원의 우주는

멜기세덱과 같다.

그는 아버지도 없고 어머니도 없고

시작한 날도 없고 생명의 끝도 없다(히 7:3).

그러나 그는 항상 있다.

그곳에는 우리의 물질우주의 인과율이 적용되지 않는다.

땅의 물질과 생명의 기원은

11차원 우주에 있으며

그렇기 때문에 인과율에 붙들리지 않는다.

우리는 우리의 저차원 물질우주가

'에덴'에서 이미 질량을 가졌는지

아니면 에덴은 질량이 없는 세계였는지 알지 못한다.

에덴의 동쪽에 있는 우리에게 중요한 것은 **중력**이다.

핵력과 전자기력은 물질우주를 못 벗어나지만

중력은 11차원 고층 우주와 3+1차원 저층 우주를 넘나든다.

우리의 물질우주에서 중력이

전자기력과 핵력에 비해 너무도 미약한 이유는

중력은 주로 고차원의 상층 우주를 구성하는 힘이기 때문이다.

(하나님의 능력이 세상의 악한 힘에 굴복하는 듯한 착시와 비슷하다.)

나는 중력이

'의식'과 생명을 구성하는 근원의 힘이라고 생각한다.

주머니 모양의 물질우주 안으로

기묘한 11차원의 중력장이 접근하면서

생명이 탄생한다.

11차원의 우주는

'칼라비-야우 도형'이 간신히 그려주듯이

구겨진 종잇장과 같은 복잡한 시공간을 갖는다.

그 시공간이 우리의 3차원 공간 안의

극소의 장소(플랑크 길이)에 출현할 때

미세하지만 강력한 고차원의 중력장은

'의식'이 되어 육체의 옷을 입는다.

3차원 공간과 11차원의 초공간이

더 많이, 더 복잡하게 상호작용하고 결합될수록

영혼은 더욱 정교하게 작동하면서

생물의 옷을 입는다.

뉴턴의 중력 법칙은 3차원 공간의 기계적 작용을 설명하지만

고차원 공간에는 통용되지 않는다.

고차원 공간의 중력장은

기계적 힘이 아니라

'자각'(自覺)의 자유와 힘을 갖는다.

그것이 영혼이다.

영혼은 11차원 우주의 중력장이다.

내가, 내 영혼이 그러하다.

인간은 본래

11차원의 하늘우주와

3+1차원의 물질우주 사이를 연결하는,

다시 말해 하나님을 아는 자의식을 지닌

매개 존재로 창조되었다.

하늘의 힘(의식을 형성하는 중력)을 사용하여

땅을 돌보는 청지기직으로 창조되었다.

인간의 타락은

중력장을 기반으로 해야 할 영혼의 본래 활동이

다시 말해 중력을 통해 11차원 하늘우주와 상호작용해야 할 영혼이

땅의 힘인 핵-전자기력에 사로잡혀

포로가 된 상황을 뜻한다.

창세기 3장의 "눈이 밝아"는

시지각(視知覺)을 자극해오는 광전자의 흐름이

중력을 매개로 하는 하늘우주와의 교감을 가로막아

영혼이 하늘을 잊고

저차원의 물질우주를 궁극적 실재로 착각하는

매트릭스적 미혹을 뜻한다.

전자기력에 기초한 과학적 우주상은

여기저기 과거 사진들의 합성일 뿐이다.

안드로메다 은하는 몇백 광년 과거,

코마 성운은 몇억 광년 과거,

또 저 먼 은하는 몇십억 광년 과거,

사람들은 그러한 과거의 불연속적 사진들을

연속적인 것처럼 배열하고

마치 그것이 동시적인 것처럼

착각한다.

중력과 분리되어 전자기력에 기초한 사유는

산에게 '가라' 명하여도 소용없고

귀신더러 나가라 명해도 이루어지지 않으며

물 위를 걷지 못하고 빠져든다.

그러나 구도의 길(십자가의 길)을 통과하여

중력의 근저에 도달한 사유는

분리된 두 사물 사이의 공간을 가로질러

매개하는 광자와 수용하는 시지각(視知覺) 신경세포에

더 이상 의존하지 않는다.

오히려 중력 기반의 사유는 **시공간 자체**의 '자기 사유'다.

시공간 자체가 에너지를 갖는다.

이것이 우주 질량 70%의 암흑 에너지일지도 모른다.

그 사유는 시공간 자체(중력장)의 자각이므로

진정한 동시성의 인지이며

분리되지 않고, 분리될 수 없는

한 분 하나님(the One)의 인지가 된다.

그것은 영생하도록 솟아나는 샘물이다.

어찌하여 '믿음'(중력 기반의 사유)이 없느냐?

11차원 하늘우주로부터 오는

중력에 기반을 둔 메시아 의식은

3+1차원 물질우주 안에서 기적을 일으킬 수 있다.

중력의 의식은

산을 명하여 옮길 수 있고

병자에게 "일어나 네 자리를 들고 가라!"고 명할 수 있으며

물 위를 걸을 수 있다.

중력은 11차원 우주의 근원으로부터 오며

현재 물질우주의 경계-막을 넘어, 11차원 우주의 중심에 도달한다.

중력은 고차원 우주의 중심의 힘(믿음)이다.

그러므로 중력의 사유는

핵-전자기력으로 조립된 육체의 죽음 이후에도

물질우주의 종말과 해체 이후에도

여전히 남아 존속한다.

중력의 사유는 11차원의 하늘우주에 도달한다.

육의 몸이 '영의 몸'으로 다시 산다.

마귀는 육체 없이 떠도는 전자기력의 거짓 영혼이고

11차원 초공간인 중력장의 발현을

온 힘을 다해 은폐시키려고 한다.

마귀는 홀로그램의 '자각'이 마치 추상이고 몽상인 것처럼 위장한다.

저차원의 물질우주에서는

핵력과 전자기력이 중력보다 엄청 더 크므로

마귀가 (잠정적으로) 우세하다.

마귀는 핵-전자기력으로 만들어진 그림자 같은 육체를 공격하고

때로는 죽일 수도 있다.

귀신은 그림자와 같이 떠돌다가

전자기력의 포로가 된 미약한 인간의 영혼을

점령하고 파괴할 수도 있다.

마귀의 실체는 초공간인 중력 의식을 덮고 은폐하려는 '거짓 의식'이다.

그것은 거짓의 아비다.

마귀는 홀로그램인 물질우주가 실체이고

11차원의 하늘우주가 환상이라고 말한다.

거짓에 사로잡힌 인류의 영혼은

홀로그램의 자각을 일으키는 중력 의식을 떠나

두뇌 표면을 파리 떼 같이 맴도는 전자기력에 지배된다.

전자기력의 사고는 두뇌 안에서

1) Libido, 2) 권력 의지를 형성하고

리비도는 이 세대를 휩쓰는 외모 지상주의로

권력 의지는 영혼의 고통에 무감각한 황금만능주의로

각각 발현한다.

그러나 11차원의 하늘우주로부터 오는

중력 의식을 막을 수는 없다.

"몸은 죽여도 영혼은 능히 죽이지 못하는 자를

두려워하지 말라!"(마 10:28)

중력의 의식은

'하나님의 앎'(하늘우주와 땅 우주 사이의 조화)을 불러일으키며

선의 깊이를 더하며

천상의 고차원적 공간의 아름다움을 예감한다.

그 모든 것은 사유가

육체적 전자기력을 떠나

자기 존재의 근원인 중력장 안으로 이동할 때

조금씩 실현된다.

수영을 훈련할 때도, 피아노를 연습할 때도

두뇌와 신체에서

중력 외의 힘을 해소하는 것(힘을 빼는 것)이 목표이고

그것이 삶의 궁극적 의미가 된다.

힘의 비움만이 우리를 영원으로 인도하기 때문이다.

시를 암송하며 여름 숲길을 갈 때

우리의 영혼은 전자기력을 떨쳐내고

중력 안의 비움을 실현한다.

2. 종이학과 초공간

2차원 백지를 복잡 정교하게 접으면
3차원 종이학이 된다.
2차원 주민의 눈은 종이 크기가 줄어든 것만 볼 뿐
3차원 입체의 종이학을 볼 수가 없다.

평탄한 중력장을
11차원으로 복잡 정교하게 접으면
학의 영혼(초공간)이 된다.
그것이 땅의 흙으로부터 입자를 취해
DNA를 만들고
육체를 발현시켜 창공으로 날아오른다.

복잡 정교하게 접힌 11차원의 초공간(영혼)은
3차원 공간만 보는 사람의 눈에는
텅 빈 공간으로 보일 뿐이다.
눈을 감고 보니 아무것도 없는 허공이라
그 사람은 자신의 영혼도 '없다'고 말한다.
그는 '신이 없다'라고도 말한다.
사람들은 말하였다.

신들도 '어리석음'과 싸워서는 다만 질 뿐이다.

3차원 공간밖에 볼 수 없는 눈이

어떻게 영혼의 11차원 초공간을 볼 수 있을까?

종이학의 그림자가 2차원 벽에 투영될 때

복잡한 3차원 입체는 2차원 사람에게도 어림잡아 짐작이 된다.

영혼의 11차원의 초공간도

3차원 공간 (+ 1차원 시간) 안에 다소 복잡한 그림자로 투영된다.

그것이 시이고

그것이 그림이고

그것이 음악이고

그것이 존재의 '의미'다.

'의미'는 11차원 중력장이 의식에 투영되는 그림자다.

세상 안에서 보석과 같이 꽃핀

진, 선, 미는

11차원 하늘우주의 사물들이

땅의 3차원 공간에 투영되는 고차원의 그림자들이다.

  그들(구약의 제사장들)이 섬기는 것은

  하늘에 있는 것의 모형과 그림자라(히 8:5).

만일 땅에 있는 우리의 장막 집이 무너지면, 하나님께서 지으신 집

곧 손으로 지은 것이 아니요 하늘에 있는

영원한 집이 우리에게 있는 줄 아느니라(고후 5:1).

보이는 소망이 소망이 아니니, 보는 것을 누가 바라리요.

만일 우리가 보지 못하는 것을 바라면

참음으로 기다릴지니라(롬 8:24-25).

◈ 기도의 능력

그의 능력의 말씀으로 만물을 붙드시며(히 1:3).

핵력과 전자기력은 공간의 분리를 전제로 한다.

분리는 힘이 도달하는 곳과 도달하지 않는 곳이 있다는 뜻이다.

예를 들어 전자기력은 상대가 같거나 반대의 전기를 띠고 있을 때만

밀거나 당기면서 작용한다.

그것은 전기적 중성의 물체에는 작용하지 않는다.

그러나 **중력**은 모든 존재, 모든 공간에 순간적으로 동시에 작용한다.

중력은 핵력과 전자기력의 물질세계 안에서는

미약하다고 느껴질 수도 있지만

그러나 놀랍게도 만물에 동시적으로 작용한다.

만물은 인간의 물질세계와 11차원의 초공간, 하늘우주를 뜻한다.

그러므로 "그의 능력의 말씀이 만물을 붙드신다"(히 1:3)는 말씀은

중력과 관련된다.

"붙드신다"고 말하는 히브리서 저자가 힘을 생각하였다면,

그 힘은 핵-전자기력일 수가 없다.

핵력과 전자기력은 만물에 작용할 수 없기 때문이다.

만물에 작용할 수 있는 것은 오직 **중력**뿐이다.

거꾸로 말하자면

만물이 중력장 안에서 그분에 의해 함께 붙들린다.

만물이 중력장 안에서 하나의 힘에 의해 통합되고 연결된다.

만물이 하나가 된다.

여기서 우리는 '시간'을 깊이 생각해야 한다.

공간뿐만 아니라 과거, 현재, 미래의 시간도

중력장 안에서 하나의 연속체가 된다!

핵-전자기력은 과거와 미래로는 작용하지 못한다.

그것은 시간의 1차원 화살을 따라 작용할 뿐이다.

그러나 중력은

공간뿐만 아니라, 펼쳐진 시간도 통일한다.

과거와 현재가 하나로 연관된다.

그래서 그분은 과거의 죄를 용서하시고

과거의 "죄를 정결케"(히 1:3) 하실 수 있다.

그분이 붙드는 만물의 중력장 안에서는

미래도 현재와 연속되는 하나의 장을 형성한다.

그래서 기도는 미래 사건에 (미약하나마) 영향을 미칠 수 있다.

다시 말해 하나의 근원적 정보(예수의 이름!)로부터

현재와 미래 사건이 동시에 투영될 수 있다.

참된 우주, 즉 하늘과 땅이 하나의 장으로 통일된

초공간 안에서는

공간적 거리의 분리와 시간적 간격의 분리가 없다.

'분리' 자체가 없다.

만물이 공간적·시간적으로 하나로 연결되어 있기 때문이다.

물질세계의 거리 개념은

초공간인 하늘에서는 하나님과의 친밀도를 뜻한다.

하나님으로부터 먼 곳(하층 하늘)이 있고

그보다 하나님께 가까운 상층 하늘이 있다.

우리는 성서에 따라 최소한 7층의 하늘을 생각해야 할 듯하다.

과거-현재-미래를 하나로 연결하는 중력장 안에서

만물을 그렇게 붙드시는 그분의 이름 아래서

우리는 기도한다.

"오늘날 우리에게 일용할 양식을 주옵시고…"

우리는 일용할 양식을 얻게 될 것이다.

"우리를 시험에 들게 하지 마옵시고…"

우리는 파멸의 시험에 들지 않을 것이다.

왜냐하면 기도하는 현재와

기도가 이루어질 미래 시간은

중력장 안에서 하나로 연결되어 있기 때문이다.

현재의 기도가 일으키는

사유(또는 믿음)의 중력파동,

물질세계의 핵-전자기력과 비교해서는 지극히 미약한 중력파는

우리 우주의 경계-막을 통과하여

11차원의 초공간에 도달하며

그렇게 미래 사건에 영향을 준다.

중력장을 인지하는 자는

미래와 현재의 동시적 장을 인지한다.

그는 '미래인'이며, 나아가 '내세인'이다.

뱀의 시지각(視知覺) 신경이 열에 의해 자극되고

박쥐의 시지각 신경이 초음파에 의해 자극되듯이

'내세인'의 비전은

물질우주를 벗어나 시간과 공간 전체로 퍼지는

중력장에 의해 자극된다.

중력파동에 참여하는 내세인의 지각은

현재의 시공간의 주머니 모양의 경계-막을 벗어나

영원의 초공간에 직접 도달하고

그곳에서 세상의 종말, 그리고 새 하늘과 새 땅을 본다.

또 그는 세계의 시초도 본다.

그는 창조자의 영과 함께 태초의 순간에도 참여한다.

　　곧 창세 전에 그리스도 안에서 우리를 택하사…그 기쁘신 뜻대로

　　우리를 예정하사 예수 그리스도로 말미암아 자기의 아들들이

　　되게 하셨으니(엡 1:4-5).

그러나 인간의 영혼이

의도치 않게 중력장에 결합될 때

그래서 자신에게 무슨 일이 일어나는지 이해하지 못할 때

그는 환영과 환청에 시달릴 수 있다.

인간은 본래 현재의 시공간 밖의 여러 모습과 소리를 지각할 수 있다.

"전능자의 환상을 보는 자, 엎드려서 눈을 뜬 자"(민 24:16)가

본래 가능하다.

다만 핵-전자기력의 현세적 포로가 된 후(타락하여 눈이 밝아진 후)

지각 능력이 무뎌졌을 뿐이다.

텔레파시라는 것도 중력파의 한 작용이겠지만

인간의 마음에 담긴 죄를 해결하지 못하는 한

무용지물일 뿐이다.

하늘의 능력이 남을 해치는 데 사용될 수는 없지 않은가?

3. '양자적 얽힘'과 초공간

빛보다 빠른 물질은 없다고 한다.

빛보다 빠르게 이동한다는 타키온 입자는

계산상 실수였음이 밝혀졌다.

그러나 빛보다 빠른 물질 혹은 정보전달이 없다면

EPR 효과는 어떻게 설명되어야 하는가?

EPR 효과란 서로 얽힌(상호작용한) 두 양자가

우주적 거리로 멀어진다고 해도,

아마 달 뒤편에 놓인다고 해도,

순간적-동시적으로 같은 특성을 드러내는 현상이다.

즉, 공간적으로 멀어져 있는 거리가 무의미해진다.

그것이 비국소성(nonlocality)이다.

그때 두 양자는 얽혀 있다고(entangled) 말해진다.

얽혀 있는 두 양자 사이에는

빛보다 빠른 정도가 아니라

진정한 의미에서 시간 t=0라고 말할 수 있는

동시적 반응이 발생한다.

우리는 이 현상이 실험으로 확증된 것을 알지만,

생전에 미처 눈으로 확인할 수 없었던 아인슈타인은

끝내 이 현상을 믿지 않았으며

양자역학 전체가 틀린 계산을 수행한다고 주장했다.

아인슈타인과 마찬가지로 현재의 물리학도

이 현상을 실험으로 확인하면서도,

빛보다 빠른 동시적 신호전달이 발생한다고 전제할 수는 없어

그것이 무엇인지 설명하지 못하고 있다.

상상력을 동원한다면, EPR 효과는

'11차원의 초공간'으로 설명될 수 있다.

홀로그램의 시공간 안에서 멀리 떨어져 있는 것으로 보이는 두 양자는

11차원의 초공간에서는 실제로 동일한 장소에 있다.

초공간에서는 모든 장소가 동일한 장소다.

공간적 분리, 분리된 거리란 존재하지 않는다.

시간도 마찬가지다.

11차원 초공간의 존재가

우리 우주 안에 그림자로 투영될 때

그것은 공간적 거리로 펼쳐진다.

시(詩)도 펼쳐지고

음악도 펼쳐지고

팔각정 지붕도 하늘로부터 아래로

여덟 개 꼭짓점의 공간 대칭으로 펼쳐진다.

성서의 예를 생각한다면

바로의 꿈속의 살진 7마리 소와 흉하고 파리한 7마리 소,

무성하고 충실한 7이삭과 가늘고 동풍에 마른 7이삭은

고차원 공간인 요셉의 꿈속에서는

한순간의 상징으로 집약되어 있다가

현실 세계에서는 7년 풍년과 7년 흉년의 시간으로 펼쳐진다(창 41장).

우리에게는 시공간적 거리로 펼쳐지는 별개의 사건들이

11차원의 초공간에서는 동일한 지점(시점)에 중첩되어 있다.

그래서 요셉은 먼 훗날 자신에게 절하게 될 부모와 11형제들을

선명한 꿈의 초공간 안에서 미리 내다본다.

바로는 외친다.

이와 같이 하나님의 영에 감동된 사람을 우리가 어찌 찾을 수

있으리요?(창 41:38)

부활하신 분의 '나타나심' 사건은

20세기 초 독일 신학이 바르게 파악했던 대로

현재 사건인 동시에 세계사의 종말이다.

그것은 초공간의 세계 내 돌입이며

그 신적 초공간 안에서는

1) 태초, 2) 각각의 현재, 3) 역사의 종말이

'하나'다.

예수는 태초의 말씀이시며(요 1:1-4),

골고다에서 고난당하신 분이시며,

또 마지막 종말의 심판대에 서실 심판자이시다.

인류에게 지금 덤으로 펼쳐지는 시공간은

부활의 '나타나심' 안에서는 이미 종료된 것이다

(칼 바르트, 『교회교의학』 IV/3, §69, 4).

양자적 얽힘의 동시성은

물질과 세계의 근원이 우리의 시공간 안에 있지 않고

오히려 11차원의 초공간에 있음을 알려준다.

초공간과 아인슈타인의 시공간(우리의 경험의 시공간) 사이에

관측(measurement)의 비밀이 놓여 있다.

초공간의 근본물질인 비국소적 확률파동은

관측에 의해 우리의 시공간 안으로 붕괴한다(투영된다).

관측이란 무엇일까?

☀ 극히 가까이 인접한 3차원 우주와 고차원 우주

브라이언 그린에 의하면

거대한 3차원 경계-막 안에 보따리처럼 싸인 우리 우주로부터

예를 들어 1mm도 안 되는 거리에

또 다른 3차원(또는 그 이상의 고차원) 막의 이웃 우주가

인접해 있을 수 있다![2]

성경 안에서 '하늘이 열린다'는 구절을 진지하게 숙고하는 사람은

최근의 이러한 물리학적 통찰을 수용해야 하지 않을까?

극히 가까운 곳에 이웃 우주(하늘)가

인접하여 존재하지 않는다면

어떻게 하늘이 열릴 수 있겠으며

성령이 비둘기처럼 내려올 수 있겠으며

잠든 예언자들의 환상 안에서, 주님의 음성이

많은 물소리와도 같이 들릴 수 있었겠는가?

하늘의 고차원 우주는 멀리 있지 않다.

1mm도 안 되는 거리에 가까이 인접해 있을 수도 있다.

다만 그 입구가 인류의 죄로 인해

굳게 닫혀 있을 뿐이다.

---

2) 브라이언 그린, 『우주의 구조』(*The Fabric of the Cosmos*), 박병철 옮김, 승산출판사, 2005, 551.

부르심을 받은 예언자들은

죽음과 같은 잠에 빠져 육신이 3차원 우주 안에 머무는 동안

이웃한 고차원 우주(하늘)에 접근할 수 있었다.

핵력과 전자기력은 3차원 우주의 경계-막을 벗어나지 못하고

전자기력에 갇힌 땅의 영혼은 이웃 우주로 건너가지 못하지만

그러나 중력에 기초를 둔 사유,

하나님을 알고 하나님을 경외하는 사유는

3차원 물질우주와 이웃한 고차원 우주

그리고 중간을 연결하는 제4의 공간 모두를 여행한다.

진정한 사유는 다시 한 번 중력장이다.

중력만이 우리 우주의 닫힌 경계-막을 통과할 수 있기 때문이다.

4. 여분차원이 일상 공간과 만날 때

물질우주 밖의 여분의 고차원 공간은

처음에는 '플랑크 길이'(10^{-33}cm)라는 극한의 짧은 거리에

숨어 있다고 생각되었다.

최근에 이 길이는 10^{-18}cm만큼 클 수도 있다고 수정되었고

제네바의 고속 입자 충돌기에서

혹시 실험으로 발견될 수 있을지도 모른다고 한다.

리사 랜들(Lisa Randall)에 의하면

이제 그 '여분차원'은 극미의 공간에 감겨 있을 뿐만 아니라

우리가 보는 물질우주 전체를 포괄하고도 남을 크기일 수도 있다고

한다.[3]

언제일지 모르지만, 실험으로 검증될 때까지

우리는 상상으로 사색하는 수밖에 없다.

숨겨져 볼 수 없다는 극미의 고차원 초공간은

최고의 물리학자들도 알아채지 못하지만

심심치 않게 우리의 일상 공간 안으로 터져 나오고 있을지도 모른다.

이호우의 시 "개화"에서

그 초공간은

"마지막 떨고 있는 고비,

한 잎 한 잎 한 하늘이 열리고 있네"라고 표현된다.

극미의 '초공간'이 일상의 공간 안으로 돌입하면서

그렇게 열리며 터질 때, 중요한 것은

1) 고도의 학문적·종교적·예술적 영감과 질서가 창조된다는 것,

그리고 그것을 경험하는 자에게

2) 강렬한 기쁨이 동반된다는 사실이다.

---

3) 리사 랜들, 『숨겨진 우주』(Warped Passages), 김연중·이민재 옮김, 사이언스북스, 2008, 611f.

기쁨이 창작의 원동력이다.

인생은 본능적으로 여러 갈래 길을 통해

그 기쁨을 추구한다.

그것에 어느 정도 도달하는 소수의 사람도 있고

그렇지 못한 다수도 함께 살아간다.

창조되는 '고도의 질서'는

주로 학문, 종교, 예술 안에서 표현되지만

스포츠 경기에서도 손쉽게 관찰된다.

뚫기 힘든 상대편 수비의 압박에 맞서

정확한 슛을 날리는 순간,

아슬아슬한 박빙의 승부 상황에서

역전 홈런의 대형 아치가 그려지는 순간,

당구공의 표면적(블랙홀의 표면적?)에 가해진

정보를 담은 초기 운동력이

불가능해 보이는 각도의 3쿠션을 성공시키는 순간,

공과 접촉했던 그 신체 그리고 사유의 공간은

'고도의 질서'를 불러일으키는

초공간의 열림이었다.

그 사건에 참여하는 관객은 환호한다.

함께 기쁨을 느낀다. (승리 집착자들은 이 기쁨을 왜곡한다.)

피아노 연주에서도

고난도의 손놀림이 서로 충돌을 일으키지 않는

날아갈 듯한 자유를 연출할 때

잠든 것과 깨어 있는 것 사이 중력 의식의

희열에 사로잡힌다.

이것도 극미 초공간의 열림일 것이다.

부활의 사건은

초공간의 하늘이 추상적-순간적으로 터지는 것이 아니라

경계-막 내부에 갇힌 인간의 역사적 시공간이

하나님 편으로부터 열리는 계시 사건이다.

부활 사건 이후, 고도의 역사적 질서가 형성된다.

그것이 흩어졌던 제자들의 모임이었고

기쁨에 찬 증언의 시작이었고

교회의 형성이었다.

그것이 "성령의 주관적 현실성"(칼 바르트, 『교회교의학』 I/2)이었다.

성령의 현실은 하늘우주로부터 오는 고도의 질서,

아름답고 기쁨에 찬 질서를 나타낸다.

우리의 개신교회도 그 질서를 발현할 수 있을까?

또 그들에게 이르시되 내가 진실로 너희에게 이르노니, 여기 서 있는 사람 중에는 죽기 전에 하나님의 나라가 권능으로 임하는 것을 볼 자들도 있느니라 하시니라. 엿새 후에 예수께서 베드로와 야고보와 요한을 데리시고 따로 높은 산에 올라가셨더니, 그들 앞에서 변형되사 그 옷이 광채가 나며, 세상에서 빨래하는 자가 그렇게 희게 할 수 없을 만큼 매우 희어졌더라(막 9:1-3).

이 장면의 주석에서

역사학, 심리학, 종교학, 사회학의 한계는 분명하다.

그것은 인류의 사고력의 한계다.

그러나 21세기의 주석은 달라야 한다.

물리학이

물질과 시공간의 가장 깊은 근저를 드러내어 보여주기 때문이다.

예수 그리스도의 변화산상 사건을 주석하려고 할 때

신학에 필요한 것은 이제 물리학일 수 있다.

물론 뉴턴 물리학이 아니라, 11차원의 초끈 물리학이다.

물질은 변형될 수 있다.

진화론보다 시급한 문제는

사고와 진술 중에 마치 물질이 변형될 수 없는 것처럼

암묵적으로 은밀하게 전제하는 '개신교적 유물론'이다.

'개신교적 유물론자'는 자칭 유신론자이지만

살아가는 것은 '무신론자'의 삶과 같다.

그들은 실천적 무신론자들이다.

양성자와 중성자에 기초한 물질은

인간의 피상적 경험처럼 절대적으로 견고하지 않으며,

변화될 수 있고, 변형될 수 있다.

그것은 주변 시공간의 변형을 동반한다.

(물질우주가 홀로그램이면, 근원의 힘에 의해 그렇게 될 것이다.)

우리가 인지하는 일상의 시공간은

과거 쪽으로만 열린 추상적 시공간이다.

다시 말해 '현재의 동시성'과 '미래 쪽 방향'으로는 닫혀 있고

암흑 중에 있다.

우리는 사물을 '동시적'으로는 볼 수 없고

사물의 미래는 더더욱 볼 수 없다.

어떤 거대한 우주가 바로 내 곁에,

1mm 안에 접근해 있다고 해도

나는 그것을 동시적으로는 인지할 길이 없다.

나는 대상의 과거만 인지할 수 있기 때문이다.

내가 보는 달은 3초 전의 달이고,

태양은 8분 전의 태양이며,

별빛은 말도 안 되는 엄청난 과거 시간의 것이어서

어쩌면 지금은 대부분 존재하지 않을지도 모른다.

'현재의 동시성' 쪽으로 굳게 닫힌 시공간이 열리기 전에는,

즉 하늘이 열리기 전에는

나는 가까이 있는 사물의 현재적 참 모습을 전혀 볼 수가 없다.

인간의 감각은

존재의 11차원적 참모습(아마도 물결치는 파동과 같은 모습) 중

과거 방향으로 펼쳐진 한 단면만을

3차원 공간 안에서 딱딱한 물질이라는 단면으로 인지한다.

11차원 공간 안에서 빛의 속도의 파동을 일으키는 '초끈'은

딱딱하고 견고한 점(물질입자)으로 잘못 추정된다.

그러나 존재의 참된 모습인 11차원의 끈은

음악의 파동과도 같을 것이다.

음악은 과거-현재 그리고 미래까지 연속된

끈으로 발현되기 때문이다.

음악의 끈은 분리되지 못한다.

작은 부분이라도 끊기면, 곡 전체가 망가진다.

과거 단면만 볼 수 있는 인간의 물질세계에서

본래적-동시적 시공간이 열릴 때,

'하늘이 열릴 때'

11차원 우주의 빛이 밝게 드러난다.

그것은 빨래하는 자가 그렇게 희게 할 수 없을 만큼 희고,

세상의 모든 더러움을 소멸시킬 만큼

눈부시고 거룩한 빛이다.

변화산상의 변화는

부활하신 자의 영적 몸을 예고하는 전주곡이다.

그 빛은

부활하신 예수의 '나타나심' 사건에서

그리고 후주에 해당하는

다메섹 도상의 "하늘로부터의 큰 빛"(행 22:6)에서

땅으로 강렬하게 비친다.

변화산상의 변형의 빛은, 하늘이 열리면서 계시되는

부활의 빛의 '맛보기'다.

1. '나타나심'의 신학이란?

십자가에서 죽으시고 부활하신 예수 그리스도께서

이 세상과 저 세상 사이의

죽음의 경계선을 건너

'빛의 몸'으로서

아직 물질 세상에 남아 있는 제자들에게

'나타나셨다'는 사건,

세계사와 온 우주 안에서 유일무이한 그 사건에

전적으로 집중하는 신학이

'나타나심'의 신학이다.

'빛의 몸'으로 나타나신 사건에

집중한다는 것은

물질우주의 모든 경계면을 넘어서는

신적 초현실적 사건의 발생을

믿음으로 승인하고

모든 신학적 사고와 논제들을

부활의 빛에 비추어 재조명하는 시도를 뜻한다.

예수 그리스도의 '나타나심' 사건의 진실 여부는

그 증언을 위해 목숨을 바친

제자들의 거룩한 죽음에 의해 결정된다.

유다를 제외한 모든 제자들 그리고 초대교회 전체가

부활하신 예수의 '나타나심'의 증인들이었으며,

그 증언을 위해 기꺼이 생명을 바쳤다.

'나타나심'의 신학은

그 이상의 다른 어떤 인간적 증거를 필요로 하지 않는다.

예수 그리스도의 '나타나심'의 사건은

현 우주의 경계면을 넘어서는 초현실적 사건이지만,

역사 안에서 교회를 설립하고

아브라함에게 약속하신 인류의 구원을 성취하면서

이 세상 역사의 현실로 전개된다.

그러므로 '나타나심'의 신학은

그 사건의 '초현실성'과 역사적 '현실성'을 동시에 바라본다.

'나타나심'의 사건은

십자가의 '죽음' 이후에 발생한다.

'나타나심'의 초현실성은

십자가에서 폭로되는 인류의 죄와 절망의 현실을

기쁨과 희망의 시간으로 전환시킨다.

멸망의 상황에서 부활의 새 존재로 전환된

보편적 국면 안에서

우리는 '나타나심' 사건의 참된 능력을 보며

기쁨과 희망의 미래로 각각 부르심을 받는다.

'나타나심'의 신학은 그 부르심에 대한 응답이다.

죽음 너머로부터 '빛의 몸'으로서 다시 오신

예수 그리스도의 참된 생명을 바라보기 때문에

'나타나심'의 신학은

이 세상의 이별, 가정 해체, 가난, 고독 등의

개인적·사회적 불행 앞에서도

당황하지 않는다.

대형병원 영안실의 깨끗한 유리벽 안에서
차갑게 얼린 시신을 마지막으로 입관할 때도
놀라지 않는다.
오히려 그 자리에서도 영원한 희망의 빛을 본다.

'나타나심'의 신학은
이웃의 아픔에 무감각한 자들이
불의한 권력을 사용하여 부를 축적하는
불합리한 사회에 대해서도
값싸게 분노하지 않는다.
오히려 인류가
'인간 이후의 영적 존재-공동체' 안에서
서로 분리됨 없는 '유적(類的) 의식'을 회복하고
하나님 안의 완전한 '공동체-인간'이 되는 그날을 기다린다.
그 기다림은 사회적 실천을 위한 시간이다.

'나타나심'의 신학은
기름 더미로 덮인 해안과
무너진 핵발전소의 위성사진 앞에서도
성급하게 조바심을 내지 않는다.
오히려 어린 양과 사자가, 어린아이와 방울뱀이

함께 어울려 뛰놀 수 있는
저 새로운 '빛의 우주'를 바라보며
11차원의 '비에너지-파동'을 기반으로 하여
수정과 같이 아름답게 펼쳐질 새 하늘의 우주를 향해
지금 이곳에서 나아간다.

'나타나심'의 신학은
허블 망원경이 찍은 수억 개 은하들의 사진에 감탄하지만,
시공간의 11차원의 구조를
3차원 공간의 단순한 연장으로 보는
현대과학의 환원주의적 사고에 동의하지는 않는다.
우주의 참된 구조는
죽음의 숙명에 붙들린 인간의
제약된 시야에는 포착되지 않으며
인류의 현재의 사고력으로는 이해되지 않는다.
'나타나심'의 신학은
현대과학이 제작한 3차원의 '신화들'을
부활의 눈부신 빛 안에서 비신화화한다.

'나타나심'의 신학이
불행과 비참과 죽음의 절망 앞에서

당황해하거나 놀라지 않는 것은

그 모든 삶의 정황들이

잠시 후면 사라져 다른 장면으로 바뀌는

그림자의 홀로그램이고, '가상-현실'임을 알기 때문이다.

내일 값비싼 벽지로 새로 도배할 집에서

마귀는 잉크와 물감을 낡은 벽지에 뿌려대면서

때로는 인간의 핏자국을 뿌리면서

벽에 그려진 불행과 절망의 자국이

실제인 것처럼

마치 내일 모두 뜯겨지고 새로 도배되지 않을 것처럼

허세를 과시한다.

도배는 물질의 변형이다.

'나타나심'의 신학은

마귀의 참으로 절망적인 시도 위에

죽음 너머로부터 오는 참된 '**생명의 빛**'을

조용히 비춘다.

2. 계시

죽음의 경계선을 넘어
'빛의 몸'으로 다시 나타나신 사건은
역사와 나아가 창조 안의 '유일무이한 계시'다.
그것은 세계사 안의 다른 어떤 종교와 신화 안에서도
있었던 적이 없었고 또 앞으로도 있지 않을
유일회적이고 특수한 사건이다.

'나타나심' 사건의 '유일회적 특성'의 주장이
나 자신이나 어떤 그룹의 신앙심의 주장이라면
(근본주의나 문자주의의 오해가 여기에 놓여 있다!)
그것은 포이어바흐의 '투사'라는 비판을 넘어서지 못한다.
오히려 '나타나심' 사건의 유일회적 특성은
사건 자체에 놓여 있다.
유일회성은
십자가에서 숨이 멎어 죽으셨던 바로 그 예수께서
죽음 이후의 놀라운 몸으로서
초공간적 특성 안에서
죽음 이전의 육체인 제자들 앞에
'**나타나셨다**'는 데에 있다.

죽음을 건너가셨던 바로 그분이

이 세상과 저 세상 사이의 죽음의 경계선을 건너

나타나셨다.

죽음 이후 '빛의 몸'이신 그분이

죽음 이전에 있는 어둠의 육체들 앞에 서신다.

저쪽에는 죽음 이후의 참된 영의 몸이,

이쪽에는 죽음을 앞둔 그림자 육체가

서로 대면하고, 대화하고

접촉한다.

바로 그러한 초월적이면서도 이 세상적인 이중적 특성이

'나타나심'의 사건을

세계사 안의 '유일무이한' 사건으로 특징짓는다.

어떤 신화도, 종교도, 철학도

죽음의 경계선을 건너온

'죽음 이후의 몸'을 증언하지 못한다.

『티벳 사자의 서』는

죽음 직후 49일 동안

육체 곁에 남아 있다는 혼에 대해 숙고하지만

죽음 이후의 존재가 나타났다고 말하지는 않는다.

천국(또는 지옥)을 보았다는 임사 체험자들의 요란한 보고도

어떻든 살아 있는 육체의 환상적 기억에 의존할 뿐

죽음 이후 '빛의 존재'의 현실적 출현은 알지 못한다.

소위 스베덴보리(Emanuel Swedenborg)의 사후 세계의 환상도

유체 이탈을 암시할 뿐

'죽음 이후 존재'의 출현과는 관계가 없다.

에드가 케이시(Edgar Cayce)의 치유와 환생의 예언도

육체 안에서 살아 있는 자가 경험한

무의식의 발현일 뿐

한 역사적 인간의 '죽음 이후의 존재'를 생각하지는 못하였다.

신약성경에서 바울은, 부활하신 예수 그리스도의

다메섹 도상의 유일회적 현현과

자신의 많은 환상들(Vision)을 엄격하게 구분한다.

부활과 나타나심의 사건을 종교적 환상과 혼동하는

일부 종교학자들의 판단은 성급한 것이다.

'일반계시와 특수계시'를 도식적으로 처리하려는

틀에 박힌 조직신학도 마찬가지다.

'나타나심'의 계시는

죽음 앞에 선 인간(인류)의 절망을

죽음 이후의 희망으로 전환시킨다.

영원한 생명의 빛이

죽음의 절망이란 인류의 저주임을 밝히고

이제 그것이 그림자와 가상현실이 되었다고 폭로한다.

'나타나심'의 사건은

희망 상실의 인간 세상을 상대화시키고

인류를 죽음 너머의 영원한 희망으로 인도하면서

스스로 유일무이한 계시 사건임을 확인한다.

3. 성경

신약성경은 **부활의 증인**들의 기록이다.

신약성경 저자들 전원은

부활과 '나타나심' 사건을 목격했던 사람들이며,

그 증언을 위해 목숨을 바친 사람들이다.

그분의 '나타나심'을 증거하고 그 사건에 참여할 의도가 없었다면

신약성경은 기록될 이유가 없었다.

왜냐하면 십자가 사건 직후 제자들은

절망과 공포 안에서 다 흩어졌기 때문이다.

그들을 다시 불러 모으고

증인들의 공동체를 형성하고

그 사건을 생명을 바쳐 증언하도록 하신 이는

죽음 이후 '빛의 몸'으로 나타나신 예수 그리스도이시다.

신약성경은

모든 문장과 모든 단어 안에서

"부활을 숨 쉬고 있다"(칼 바르트, 『교회교의학』 IV/2, §63).

이 사실의 오해가 지난 백여 년 동안

많은 성서학자의 연구를

다만 역사학적인 작업으로 잘못 인도하였으며

서구의 조직신학들도

부활을 잊은 철학적·종교학적·심리학적·사회학적 사유로

잘못 빠져들었다.

그들은 신약성경이 '왜 존재하는가?'라는

근원적인 질문을 놓쳤기 때문에

예수 그리스도의 '나타나심'의 사건에 도달할 수 없었다.

아니다!

신약성경은 부활의 증인들이 하는 부활에 대한 증언이다.

신약성경의 일점일획도 이 전제로부터 벗어날 수 없다.

신약성경이 어느 정도 후대 공동체의 작품이라고 해도

그것은 부활을 증언하는 공동체였으며,

교권과 조직을 갖춘 로마교회가

부분적으로 원 기록을 고쳤다고 해도

'나타나심'의 전제에는 아무것도 달라지지 않는다.

지금의 원문만으로도

신약성경이 예수 그리스도의 부활과 나타나심의 증언이라는 사실은

충분히 명백하기 때문이다.

'나타나심'의 사건에 눈을 감고

신약성경 안에서 온갖 실존적·심리적 확신만 확인하려 드는

이 시대의 거짓 양치기 신학들은

최후의 심판에 이르러서야

'나타나셨던 그분'을 눈으로 보게 될 것이다.

신약성경의 (또한 구약성경의) 모든 구절은

돌이 굴려진 무덤 앞과 다메섹 도상의

'나타나심' 사건의 초현실적인 빛(11차원의 빛)에 비추어

해석되어야 한다.

그 빛을 잊고 성경을 읽는 것은

적그리스도적이며 성령의 훼방일 뿐이다.

'나타나심'의 신학은 그 두려운 죄로부터

용서와 구원을 온 힘을 다해 추구해야 한다.

문자주의자들의 성서무오설도 마찬가지로 그 죄를 범하였다.

그들은 성서무오를 주장하고

자유주의자들보다 더 의로운 척 하는 동안

성경과 마찬가지로 자신들이 무오하다고 착각하였고

남에게 "성경이 하나님의 말씀임을 믿느냐?"고 윽박지르는 동안

죽음 너머 부활의 초현실적 빛으로부터 멀어졌으며

이성주의의 함정에 빠져들었다.

맞다. 성경은 무오하다.

성경은 예수 그리스도의 부활을 증언한다.

그러나 성서무오설을 주장하는 자들은 무오하지 않다.

그들은 성경의 가장 깊은 '나타나심'의 진리를

인간적-합리주의적 명제로 바꾸어버렸다.

신약성경은 시작부터 마지막까지 부활과 '나타나심'을 증언하는데,

그들은 그 증언이 아니라

자기확신과 주장을 명제로 삼고 자기중심적으로 사고한다.

부활 사건을 지시하려는 소명 없이,

'나타나심'의 사건을 전파하라는 부르심 없이,

제멋대로 선택한 구절들을 (마치 가능하기나 한 것처럼!)

자기주장의 증빙으로 사용하는 것은

교회와 신학이 범한 어떤 죄보다도 가장 먼저 돌이켜 회개해야 하는

인간의 "오만"(칼 바르트,『교회교의학』IV/1, §60)이다.

◉ 구약성경

구약성경은

예수 그리스도의 부활과 '나타나심'의 사건을

기다리고 예언하는 기록이다.

예언은 창세기 15장에서 아브라함에게 주어지는

(이스라엘을 통한) 인류 구원의 약속을 가리킨다.

이스라엘 민족은 인류 구원의 약속과 희망을

알고 기대하였지만,

그러나 그 약속의 성취를 위한

자신의 역할을 제대로 수행하지 못하였다.

그 역할은 이방 민족들에게 약속을 증언하는 '봉사'였다.

이스라엘은 그 거룩한 직분을 수행하지 못했지만,

그럼에도 불구하고 인류 구원의 약속은

예수 그리스도의 탄생과 죽으심

그리고 마지막 부활의 '나타나심' 안에서

남김없이 완성되었다.

다 이루어졌다(요 19:30).

그러므로 구약성경은

창세기 15장의 인류 구원의 약속을 완전하게 성취하는

부활의 빛 안에서 재조명되고

재해석되어야 한다.

실패한 이스라엘의 역사가

문자 그대로 이해되어서는 안 된다.

오히려 구약성경의 모든 구절은

죽음의 경계를 건너 나타나신 예수 그리스도의 빛 안에서

새롭게 읽히고

새롭게 이해되어야 한다.

구약성경을 부활의 빛에 비추어 읽는다는 것은

다른 누구의 이해가 아니라

바로 부활의 증인들이 구약성경을 읽었던 것과 같이

그렇게 이해하는 것을 뜻한다.

그것은

신약성경 본문이 말하는 구약성경의 이해를 뜻한다.

다음 구절이 반드시

구약성경 이해의 첫걸음이 되어야 한다.

너희가 성경에서 영생을 얻는 줄 생각하고 성경을 연구하거니와,

이 성경이 곧 내게 대하여 증언하는 것이니라(요 5:39).

여기서 성경은 구약성경이다.

이 구절을 염두에 두지 않고 구약성경을 읽는 사람은

첫걸음부터 실패한 것이다.

다음 구절도 바로 이해되어야 한다.

베뢰아에 있는 사람들은 데살로니가에 있는 사람들보다

더 너그러워서 간절한 마음으로 말씀을 받고,

이것이 그러한가 하여 날마다 성경을 상고하므로(행 17:11).

베뢰아 사람들이 상고했던 것은

귀신의 신기한 존재가 아니라

'구약성경'이 예언했던 인류 구원의 약속이

예수 그리스도의 부활 사건 안에서

정말로, 바울이 말하는 대로 성취되었는가? 하는 것이다.

복음을 왜곡하는 자들에게는 화가 있다.

성경을 읽는 자가

두렵고 떨리는 학문적 검증 과정을 거치지 않으려고 할 때

그는 귀신의 곡해를 바른 이해로 착각하며

그림자 같은 생을 보낸다.

네가 하나님은 한 분이신 줄을 믿느냐?

잘하는도다. 귀신들도 믿고 떠느니라(약 2:19).

하나님을 믿고 소란을 떠는

귀신들의 해석학과는 달리

구약성경은

부활하신 예수 그리스도의 '나타나심'의 빛에 비추어

재조명되고 재해석되어야 한다.

그것은 부활의 증인들이 이해했던

구약성경의 이해를 가리킨다.

4. 그리스도론

그리스도교 신앙은 예수를 믿는다.

예수는 **죽음 이후**

부활하셔서 제자들에게 나타나신 분이다.

사람들은 예수를 말하면서도 너무도 흔히

그분이 '죽음 이후의 존재'라는 사실을 망각한다.

예수는 물론 죽으시기 전에

인간의 삶을 사셨지만

증인들은 그분의 '나타나심'을 경험한 이후에야

비로소 그분이 주님이라고 올바로 고백했다.

베드로도 예외는 아니었다.

나의 주님, 나의 하나님!(요 20:28)

예수의 신성과 인성의 교리는

육체의 죽음 이후 나타나신 분과

죽음 이전 육체의 삶을 사셨던 분에 대한

제자들의 경험이 공식화된 것이다.

'나타나심'의 신학은

교리보다 앞선 '최초의 증인들'의 증언에 주목하며,

증인들의 사역을 성경 안에서 확인한다.

먼저 우리는

십자가에서 잔혹한 죽음을 겪으셨던 예수께서

'빛의 몸'으로 다시 나타나셨다는 증언을 듣는다.

그리고 그분이 바로

최후의 심판대에서 모든 각각의 인간을

그 행위대로 심판하실 분이라는 증언을 듣는다.

그러하신 심판자 예수 그리스도께서는

구름을 타고 (11차원의 초현실적 공간 안에서)

다시 오실 것이다.

예수를 믿을 때, 우리는

하나님께서 그분을 죽은 자 가운데서 다시 살리셨고

다시 사신 그분이 죽음의 경계선을 건너 제자들에게 나타나셨고

바로 그 동일하신 분이 시간의 종말에

다시 나타나실 심판자이심을

믿는다.

그리스도론은 즉시 성령론으로 이어진다.

우리도 그분의 부활의 능력에 의해 (성령 안에서)

죽음 이후 '빛의 몸'으로 다시 살게 될 것이다.

이 희망이 죽음 이전의 모든 절망을 역전시킨다.

불행과 가난과 절망이

부활의 소식을 전하는 성령의 능력 안에서

환호하는 기쁨과 영원한 희망으로 역전된다.

부활의 11차원의 사건이

인간 세상의 죽음과 고통을 뒤집는 땅의 사건을 불러일으킨다.

죽은 자 가운데서 부활하신 그분은

십자가에서 죽으셨던 나사렛 예수이시다.

그분의 부활의 신성은 인성을 완전히 포괄한다.

그분은 죽음 이전의 육체 안에서

고통 중에 죽어야 하는 운명적 인간이 되셨다.

인간의 처절한 비하의 삶을 경험하셨다.

그렇게 하여 죽음 이전의 인류의 삶 자체를

죽음 이후의 부활의 삶과 연결시키셨다.

땅과 하늘을 잇는 그 유일한 통로를 통해

우리도 죽음의 경계선을 건너가게 된다.

하나님이 주를 다시 살리셨고,

또한 그의 권능으로 우리를 다시 살리시리라(고전 6:14).

예수를 죽은 자 가운데서 살리신 이의 영이 너희 안에 거하시면

그리스도 예수를 죽은 자 가운데서 살리신 이가

너희 안에 거하시는 그의 영으로 말미암아

너희 죽을 몸도 살리시리라(롬 8:11).

죽은 자의 부활도 그와 같으니

썩을 것으로 심고 썩지 아니할 것으로 다시 살아나며,

욕된 것으로 심고 영광스러운 것으로 다시 살아나며,

약한 것으로 심고 강한 것으로 다시 살아나며,

육의 몸으로 심고 신령한 몸으로 다시 살아나나니,

육의 몸이 있은즉 또 영의 몸도 있느니라(고전 15:42-44).

그와 같이 바울은
우리도 죽음을 건너갈 것이며
영광의 몸의 형체, 곧 '빛의 몸'으로 변화할 것임을
증언한다.

예수의 신성과 인성의 교리는
부활을 증언하는 성령론 안에서
죽음을 넘는 참된 희망으로 이어진다.
부활의 증언과 연결되지 않는 메마른 그리스도론,
절망의 땅에 죽음 이후의 희망을 불러일으키지 못하는
현세적 성령론은 거부되어야 한다.
그리스도론은 이론을 넘어
우리의 무너진 삶을 일으켜 세워야 한다.
현세에 중독되어 체념하는 불행한 현대적 인간성 안에
죽음 이후의 참된 생명이라는
영원한 희망의 씨앗을 뿌려야 한다.
그렇게 하여 불러일으켜지는 기쁨을
지금 여기서 노래해야 한다.

예수의 인성을 부정하는 가현설의 교리는

온갖 철학적 이념들로 위장했던 계몽주의와는 별개로,

고통의 현세와 무관한 어떤 내세를 상상하는

일반 종교성의 옷도 입는다.

예수의 신성을 부정하는 에비온주의의 교리는

최근 몇백 년 그리고 오늘의 많은 무신론적 현대인의

생각 그 자체다.

그들의 무의식은 데카르트와 뉴턴에 의해 지배되며,

그래서 하늘 없는 우주, 보이는 물질우주가 전부라고 믿는다.

그들이 현세적 기독교를 만들고, '개신교적 유물론'을 만들고,

번영신학을 즐긴다.

'나타나심'의 신학은

'참 하나님, 참 사람'의 전통적 교리를

'죽음 이전의 예수 그리고 죽음 이후 부활하신 그리스도'라는

증인들의 현실적-역사적 증언에 비추어

재조명한다.

5. 부활과 우리의 부활 준비

예수 그리스도의 부활은 위대한 영적 출애굽이다.

아브라함에게 약속하신 인류 구원은

이스라엘의 출애굽으로 시작되었지만

자신의 사명을 오해한 이스라엘 민족의 착각과 몰락으로 인하여

차질을 빚게 되었다.

그러나 하나님의 계획과 성취에는 차질이 없다.

하나님의 계획은

실패한 이스라엘 민족을 대신하는

나사렛 예수 한 사람의 죽음에 이르는 순종에 의해

완전하게 실현된다.

바로 그 실현의 종점이,

바울과 최초의 증인들에 따르면

예수 그리스도의 죽은 자들 가운데서의 부활이다.

부활 사건에서 하나님의 인류 구원의 계획이 밝게 드러난다.

창조자 하나님의 최종 계획은

물질세계 안의 육체적 인간이 아니다.

오히려 인간은 물질세계와 육체로부터

'영적 출애굽'을 앞두고 있다.

썩게 될 육의 몸이 아니라,

썩지 않을 영원한 "영의 몸"(고전 15:44)이

하나님께서 인간을 창조하신 최종 목표다.

인간은 고난의 삶을 통해

죽음 이후의 영원한 삶을 예비해야 한다.

고난의 체험 안에서

인식하는 법, 사고하는 법, 육체로 움직이는 법을 배워야 한다.

육체적 고난의 경험들은 육체 이후의 영원한 삶에 필요하다.

부활하셔서 '영의 몸'으로 나타나신 예수 그리스도께서

제자들과 대화를 나누면서

그것을 계시하신다.

그러므로 육체의 삶은

육체 이후의 삶을 연습하는

(고난과 무관한 경솔한 비유로 말하자면)

운전 연습장이다.

곧 11차원의 '영의 몸'을 운행하기를 배우는 곳이다.

육체의 삶 안에서 영적 삶을 배우지 못하면

죽음 이후의 영적 세계 안에서 살아갈 수가 없다.

악한 생각은 11차원의 하늘우주 안에서는 충돌사고를 내기 때문이다.

죽음 이후 '나타나신' 예수 그리스도께서는

생전에 가르치신 것을 성령을 통해 생각나게 하신다.

우리의 현세의 운전 연습 교본은

산상수훈의 가르침이며

초대 공동체의 종말론적 윤리다.

나는 이제 너희를 위하여 받는 괴로움을 기뻐하고,

그리스도의 남은 고난을

그의 몸된 교회를 위하여 내 육체에 채우노라(골 1:24).

6. 교회와 성령

흩어졌던 제자들이 다시 모였다.

그것이 교회의 시작이다.

그들은 성령의 말하게 하심을 따라

다른 언어들(행 2:4), 곧 명확하게 알아들을 수 있는 말로

"하나님의 큰 일"(예수를 죽은 자 가운데서 다시 살리신 일)을

말하기 시작한다(행 2:11).

이것이 사도행전 2장의 중심이다.

제자들은 소위 황홀경 안에서

뜻을 알 수 없고 이해될 수 없는 방언을 말한 것이 아니라,

명확하게 이해할 수 있는 외국어로

(이것이 가장 중요한 것이 아니다.)

'죽음의 경계를 건너 나타나신 그리스도'를 (이것이 가장 중요하다!)

증언하였다.

제자들이 말했던 다른 언어의 종류는 다음과 같다.

> 우리가 우리 각 사람이 난 곳 방언으로 듣게 되는 것이 어찌 됨이냐? 우
> 리는 바대인과 메대인과 엘람인과 또 메소보다미아, 유대와 갑바도기아,
> 본도와 아시아, 브루기아와 밤빌리아, 애굽과 및 구레네에 가까운 리비야
> 여러 지방에 사는 사람들과 로마로부터 온 나그네, 곧 유대인과 유대교
> 에 들어온 사람들과 그레데인과 아라비아인들이라. 우리가 다 우리의 각
> 언어로 하나님의 큰 일을 말함을 듣는도다(행 2:8-11).

부활의 증언이 시작되면서

교회가 지어진다.

교회의 가장 깊은 초석은

예수 그리스도의 부활의 증언이며,

죽음의 경계선을 건너 나타나신 예수 그리스도 자신이다.

이 초석이 아닌 다른 곳에 놓인 교회는

교회가 아니다.

이 증언이 아닌 다른 것을 전하는 선교는

선교가 아니다.

죽음을 건너 이 세상에 '나타나신' 분에 대한

기쁨에 찬 찬양과 함께

교회는 시작되었다.

> 믿는 사람이 다 함께 있어 모든 물건을 서로 통용하고
>
> 또 재산과 소유를 팔아 각 사람의 필요를 따라 나눠주며(행 2:44-45).

우리는 이 구절에서

육체 세상의 '소유'가 '죽음 이후의 삶'의 희망에 의해

상대화된 것을 본다.

나누어진 것은 자비의 도덕심이 아니며

유무상통 협동조합의 윤리가 아니다.

오히려 나누어진 것은

부활의 강렬한 빛에 조명된 현세적 소유의 부질없음이다.

죽음의 경계선을 건너 나타나신 그 빛이

현세의 소유의 "염려"(칼 바르트, 『교회교의학』 IV/2, §65)를 상대화한다.

염려는 다만 잠정적이고 일시적이다.

장차 나타날 영광(롬 8:18)과 비교한다면, 그것은 그림자다.

이루 다 말할 수 없는 인생의 아픔과 불행과 비참의 상황에

'죽음 이후의 영원한 삶'이라는 해답이 주어지기 시작한다.

더 이상 소유의 염려를 떠안고

이생의 두려움과 악착같이 동행하지 않아도 된다.

그러한 고통이 사라지고

영원한 희망의 기쁨과 찬양이 울려 퍼지면서

교회는 시작된다.

그러므로 교회는 (더 이상 아픔이 아닌) 아픔을 나누는

'아픔'의 공동체다.

아픔은 부활의 빛에 노출되어 이미 지양되고

기쁨으로 승화되고

더 이상 아픔일 수 없게 된다.

우리는 사도 바울의 권면을 듣는다.

주 안에서 항상 기뻐하라. 내가 다시 말하노니, 기뻐하라(빌 4:4).

항상 기뻐하라!(살전 5:16)

기쁨이란

현세의 불행과 비참과 고통이

죽음 이후의 영원한 삶의 희망에 의해

해소됨을 뜻한다.

누군가의 육체는 찢기고, 고통스럽게 바다에 잠기고,

오늘도 누군가의 가정은 무너지고,

어느 불행했던 이웃이 스스로 삶을 마쳤다는 소식을

듣는 그때도,

우리는 한쪽 눈으로 눈물을 흘리면서도

기뻐해야 한다.

그것은 아직 끝이 아니다.

하나님께서 그들을 버리지 않으셨다.

우리의 삶이 죽음의 절망으로 끝나도록 버려두지 않으셨다.

육체를 넘어서는 영원한 삶과 영원한 우주가 기다리고 있다.

'빛의 몸'을 입고

생명수 강가의 생명 과일을 먹는

영적 삶과 영적 사회와 영적 우주가 기다리고 있다.

우리는 그 소식을 기뻐하면서

고난당하는 이웃에게 전해야 한다.

아픔은 더 이상 실체가 아니며,

뿌리가 잘린 후에 당분간 무성한 나무일 뿐이며,

잠시 후 사라질 안개에 불과하다.

현세의 아픔에 고통당하던 사람들이

사라진 아픔을 함께 노래하며 교회에 모인다.

여전히 육체의 고통은 남아 있고

남은 생은 수고와 염려를 선사하지만,

그러나 사라진 죽음의 장벽과

그 너머로 펼쳐지는 영의 세계를 바라보면서

서로를 위로하고

서로 가진 것을 나누고

서로에게 힘이 되어준다.

교회는

부활의 초현실적 빛 안에서

(이제는 아픔이 아닌) 아픔을 함께 나누는

아픔의 공동체이어야 한다.

◈ 성령

성령론의 시작과 토대는 사도행전 2장이다.

'나타나심'의 신학은

사도행전 2장과 관계없는 성령을 말하는 실수를

범하지 않는다.

성령은 제자들에게 "하나님의 큰 일"(행 2:11)을 말하게 하신다.

하나님께서 십자가에서 죽으셨던 예수를
"다시 살리셨다!"
다시 사신 그분이 죽음의 경계선을 건너
'**나타나셨다.**'
성령은
인간이 스스로 말할 수 없는 부활의 사건을
말할 수 있게 만드시는 하나님의 영이다.

성령은 예수의 부활을
인간이 알아들을 수 있도록 각 지역의 언어로 말하게 하신다.
바벨탑에서 갈라졌던 인간의 언어들이
부활의 증언을 통해 소통되기 시작한다.
두뇌 표면의 언어 영역에서 분리되었던
인류의 심층의식이
죽음 너머로부터 오는 빛과 능력에 의해
통합되기 시작한다.
죽었던 영들과 뼈들이 살아 짜 맞추어지기 시작한다(겔 37장).
아픔의 공동체가 형성된다.
성령은 부활하신 예수 그리스도의 영이시다.
성령은 인간으로 하여금 '죽음 이후'를 말하게 하시고
'죽음 이후'를 증언하는 공동체를 형성하신다.

'나타나심'은 예수 그리스도의 (우리가 볼 때) 객관적 사건이며,

'나타나심의 증언'은 성령의 (우리가 볼 때) 주관적 사건이다.

부활하신 예수를 언급하지 않는 어떤 성령이란

(성자와 성령이 분리될 수 있겠는가?)

추상적 사변에 불과하며,

'죽음 이후'의 영원한 생명을 가리키지 않는 어떤 영은

현세적 인간의 영에 불과하다.

지난 수십 년 동안 주도적이었던 성령 운동은

죽으셨고 부활하셨고 나타나셨던 예수 그리스도를

많이 말하지 않았다.

그 성령 운동에서 종교적 호기심과 심리적 욕구가 앞섰던 것은

인간이 영적으로 허약한 존재임을 말해준다.

현세를 버리고 내세(영생)를 취하라!

디모데에게 주어졌던 성령의 가르침을 귀담아들었다면

한국개신교회의 형태는 지금과는 다르게 진행되었을 수도 있다.

부활의 증인인 요한은 말한다.

"너희는 성령이 교회에게 하시는 말씀을 들을지어다!"

성령은 부활하신 자의 숨이다.

성령은 부활의 숨이며, 내세의 호흡이다.

성령을 호흡하는 자는

현세를 버리고 내세(영생)를 취할 줄 안다.

그는 보물을 천국 창고에 쌓을 줄 안다.

그는 자신의 시민권이 하늘에 있음을 안다.

그래서 그는 이 세상을 나그네로 산다.

그는 영혼의 지경을 넓히는 영적 활동이

부활의 영적 몸을 지금 이곳에서 형성하고 있음을 안다.

그래서 그는 무엇을 하든지

이생의 안목이나 육신의 자랑을 위해서가 아니라

내세의 '영의 몸'을 위하여 행한다.

그는 먹든지 마시든지 그리스도를 위해 행한다.

그리스도는 죽으셨고 다시 사셨고

죽음 이후 '빛의 몸'으로 나타나셨던

그분이시다.

그러므로 성령은

현세인을 내세인으로 만들며,

현세의 경계-막에 갇힌 인류의 잠든 상상력을 깨워

죽음 이후의 새로운 세계가 참된 실재임을 깨닫게 한다.

어린아이가 결혼을 곧잘 말하지만, 아직 그것이

현실일 수 없는 것처럼,

성령이 없는 자도 곧잘 죽음 이후를 말하지만,

그것에는 현실성이 없다.

그러나 성령이 증언하는 예수 그리스도의 '나타나심' 사건은

죽음 이후의 초현실적-영적 세계가 실재임을 드러내며,

죽음 이전의 모든 아픔의 현실을 지양하며,

영원한 희망과 기쁨을 불러일으킨다.

◐ 후기

1. 여분차원

'나타나심'의 신학은
현재의 3차원 공간을 훨씬 넘어서는
고차원 우주공간을 전제하지 않을 수 없다.
부활하신 예수께서 그곳으로부터 나타나셨고,
그곳으로 승천하셨기 때문이다.

무신론적-객관적 물리학을 연구하는
하버드 대학의 리사 랜들 교수가
우리 우주 밖에 여분차원(extra dimension)이 존재하며
자신은 그 차원의 존재를 굳게 믿는다고 하였다.[4]
물론 그녀는 그것이 영적 세계가 아닌 물리적 차원임을 강조하지만,
어떻든 우리의 경험적 차원이 아님은 확실하다.

---

4) 리사 랜들, 『숨겨진 우주』, 사이언스북스, 2008, 서문.

부활하신 예수께서 나타나셔서 보여주신 그 놀라운 공간도

고차원의 물리적 공간이라고 말할 수 있다.

왜냐하면 그분은 제자들과 접촉하실 수 있었기 때문이다.

최근 연구에 따르면 여분차원은

극소의 공간에 숨어 있기만 하지 않으며,

오히려 우리 우주보다 훨씬 클 수도 있다.

우리 우주는 큰 고차원적 우주공간 안에

주머니처럼 포함된 하나의 낮은 차원의 시공간일 뿐이다.

성경에 의하면 고차원의 우주로부터

우리 우주로 (천사들처럼) 진입하는 것이 가능하다.

그러나 우리의 물질우주로부터 그쪽으로 나아가려면

죽음의 경계-막을 반드시 통과해야 한다.

죽음은 저차원의 세상으로부터 고차원 우주 안으로,

자유 안으로

새롭게 탄생하는 사건이다.

그러한 고차원 우주의 문이 변화산상에서 잠시 열렸고,

부활의 증인들에게 보이고 만진 바 되었고,

다메섹 도상에서 "하늘로부터의 큰 빛"으로 증거되었다.

그 놀라운 여분차원의 우주가

21세기 물리학에 의해 밝혀지고 있다.

'나타나심'의 신학은

여분차원의 물리학적 발견을 기꺼이 수용한다.

2. 힉스장, 블랙홀, 죽음 이후

대부분의 물리학자는 힉스장이 없다면
모든 입자가 질량이 없을 것이라고 굳게 믿는다.[5]
힉스장이 형성되기 이전, 모든 힘입자는
질량이 0이라는 공통점을 갖고 있었을 뿐만 아니라
모든 점에서 근본적으로 동일한 입자였다(앞의 책, 372).
힉스장은 빅뱅 이후 세 단계에서 각각 출현한다.

1) 인플라톤(inflaton) 힉스장(397f.)
2) 대통일 힉스장
3) 약전자기 힉스장

세 단계의 힉스장은
3층 내지 그 이상의 성서적 '하늘'을 상상하게 하고,
인플라톤 힉스장은 죽음과 '죽음 이후'를 생각나게 한다.

---

5) 브라이언 그린, 『우주의 구조』, 승산출판사, 2005, 370.

'인플라톤'을 생각하려면 노력이 필요하다.

그것은 우주 전체의 물질들(수천억 개의 은하들)과 시공간이

원자보다 작은 수준의 한 지점에 모여 있었던 때(장소)를 가리킨다.

비유가 정확하지는 않지만,

한 인간을 구성하는 몸 전체가

한 개의 수정란 안에 모여 있었을 때를 생각하면 도움이 될 듯하다.

육체는 미시적 세계의 하나의 알세포로부터 탄생한다.

물리학자들에 의하면 우리 우주 전체도 그와 비슷하게

초기에는 한 지점의 알에 모여 있었다.

그곳은 빽빽하므로 '압력'이 높다.

바로 그 엄청난 압력이 인플라톤 힉스장을 출현시킨다.

여기서 물리학자의 놀라운 통찰력이 출현한다.

인플라톤 힉스장의 출현과 함께

그동안 무지막지하게 '끌어당겼던 중력'이

순간적으로 '밀어내는 중력'으로 변화한다!

힉스장 자체가 밀어내는 마이너스 중력의 원천이다(앞의 책, 394f.).

10^{-35}초 동안 순간적으로 작용한 마이너스 중력(척력)은

일반적으로 알려진 빅뱅의 폭발력을 수십 제곱 크기로 능가하는

우주 인플레이션을 일으킨다.

많은 우주들 중 우리 은하도 탄생한다.

인플레이션과 동시에 밀어내는 중력(마이너스 중력)은

우리가 경험하는 끌어당기는 중력으로 다시 변화한다.

우주는 밖으로 퍼지려는 폭발의 관성과

팽창을 저지하려는 끌어당기는 중력 사이에서

커졌다가 오랜 세월 후 다시 수축한다.

우리의 현재 우주는 팽창하는 단계에 있다.

언젠가 다시 끌어당기는 중력이 우세할 때

우리 우주는 수축을 시작할 것이며

수축은 한 지점에 도달할 때까지 진행될 것이다.

수축의 압력이 높아져서 인플라톤 힉스장에 다시 도달하면,

끌어당기는 중력은 순간적으로

밀어내는 마이너스 중력으로 다시 변화하며,

그 결과 다시 대폭발을 일으키는 인플레이션이 일어나고

다른 새로운 우주가 탄생할 것이다(앞의 책, 같은 곳).

끌어당기는 중력에 의해 압력이 높아져 가는 것은

각각의 블랙홀에서도 마찬가지일 것 같다.

블랙홀의 엔트로피가 극대화될 때

엔트로피를 극대화하는 끌어당기는 중력은

인플라톤 힉스장과 비슷한 상태에 도달하는 동시에,

척력, 곧 밀어내는 마이너스 중력으로 변화하지 않을까?

그 순간 블랙홀도 한 새로운 우주를 탄생시킬 것이다.

다시 말해 엔트로피 극한의 블랙홀이

엔트로피 최저의 새 우주(새 하늘)를 창조한다.

한 러시아 과학자는 블랙홀 안에 고도의 문명이 있다고 주장하여

신문에 났었다.

한 번 더 종교적 상상을 펼쳐본다면,

'죽음'은 엔트로피 극한의 순간이라고 생각할 수 있다.

인간의 무지와 악함과 추함이 영혼 안에 엔트로피를 증가시킨다.

예수의 부활에 대해 함부로 말하고

죽음 이후의 심판을 무시하는 무지함이 대표적이다.

영혼의 운동은 점점 힘들어지다가

마침내 임종의 순간 육체와 함께 운동을 정지한다.

그러나 그 순간 육체의 엔트로피를 생성시키던

끌어당기는 중력(수고하고 무거운 짐)은

밀어내는 음의 중력으로 변화한다.

예수의 '나타나심'의 소식을 듣고 믿은 순결한 영혼들은

그 놀라운 변화의 힘, 곧 부활의 힘을 축적한다.

그리고 극저 엔트로피(내가 너희를 쉬게 하리라!)의

새로운 영적 우주와 영의 몸이 창조된다.

육체의 탄생과 죽음이라는 생물학적 경험과

우주의 탄생과 블랙홀 또는 인플라톤장으로의 수축(죽음)이라는

물리학적 계산은,

같은 사건에 대한 서로 다른 설명에 지나지 않을지도 모른다.

과학과 종교가 더 발전할 때

양쪽의 주장이 통일될지 누가 알겠는가?

죽음의 순간이 긴 터널을 통과하는 것과 같다는

임사 체험자들의 공통된 증언은 참고할 만하다.

그곳, 물리학이 블랙홀로 계산하는

극대 엔트로피의 터널을 통과하는 사건이

우리 앞에 놓인 죽음의 순간이다.

죽음 이후는 새 우주와 새로운 '의식–체'의 탄생이며

이것이 개별적 영혼들에게는

질량 없는 영적 우주 안에서

영의 몸으로서 쉼을 얻으며 살아가는

내세의 삶이 될 것이다.

예수께서

죽음을 통과하여 가셨다가, 다시 나타나셨고

제자들과 만나신 것은

(상상적으로) 1mm 정도의 짧은 거리에 근접해 있지만,

이곳에서는 전혀 측정되지 않는 또 다른 우주가

블랙홀 너머에, 죽음 너머에

생성되고 있고 실재함을 알려주시기 위함이다.

"내 아버지 집에 거할 곳이 많도다"(요 14:2).

그리고 "내가 살았으니, 너희도 살리라"(참고. 요 6:57).

11차원 우주와 예수 그리스도의 부활

Copyright ⓒ 신준호 2015

1쇄발행_ 2015년 7월 27일

지은이_ 신준호
펴낸이_ 김요한
펴낸곳_ 새물결플러스
편   집_ 왕희광·정인철·최율리·박규준·노재현·최정호·최경환·한바울··유진·권지성
디자인_ 이혜린·서린나·송미현
마케팅_ 이승용
총   무_ 김명화·최혜영
영   상_ 최정호

홈페이지 www.hwpbooks.com
이메일 hwpbooks@hwpbooks.com
출판등록 2008년 8월 21일 제2008-24호
주소 (우) 158-718 서울특별시 양천구 목동동로 233-1(목동) 현대드림타워 1401호
전화 02) 2652-3161
팩스 02) 2652-3191

ISBN 979-11-86409-20-6   03230

책값은 뒤표지에 있습니다.

이 도서의 국립중앙도서관 출판시도서목록(CIP)은 서지정보유통지원시스템 홈페이지
(http://seoji.nl.go.kr)와 국가자료공동목록시스템(http://www.nl.go.kr/kolisnet)에서
이용하실 수 있습니다(CIP제어번호: CIP2015019346).